我在法院
当法警

上海市高级人民法院 编写

出发

上海交通大学出版社
SHANGHAI JIAO TONG UNIVERSITY PRESS

内容提要

本书全面梳理了上海市司法警察队伍历年来的发展足迹,结合电台访谈节目的内容,整理编写而成。本书有三个特点:一是内容覆盖面广,讲述的内容涉及司法警务工作方方面面,从刑事审判警务保障到配合强制执行,从安全检查到涉诉信访工作,从人才培养到实战化训练,忠实完整地呈现了新时代上海法院司法警察的精神面貌。二是人物代表性强,讲述故事的人员来自上海三级法院和专门法院,既有法院领导,也有司法警察部门负责人;既有阅历丰富的"老法师"和当打之年的中坚力量,也有初出茅庐、充满朝气的年轻法警,他们从不同角度全景式反映了司法警察在法院审判执行工作中所起到的重要作用。三是故事感染力深,既有不顾危险跳进冰冷河水将被执行人救上岸的,也有在风浪中攀爬万吨巨轮上的摇摆软梯只为送达一份判决书的;既有心怀大爱为白血病少年捐献造血干细胞的,也有在实战训练中不惧伤痛充当"情显员"的,还有温暖"一蹲"只为更近距离了解老人诉求的。本书是上海法院司法警察多年来践行初心使命、全心全意为人民服务的一个缩影。

图书在版编目(CIP)数据

出发:我在法院当法警/上海市高级人民法院编写
.—上海:上海交通大学出版社,2023.4
ISBN 978-7-313-28356-6

Ⅰ.①出… Ⅱ.①上… Ⅲ.①司法-警察-工作-上
海 Ⅳ.①D926.17

中国国家版本馆CIP数据核字(2023)第051928号

出发——我在法院当法警
CHUFA——WOZAI FAYUAN DANG FAJING

编　　写:上海市高级人民法院
出版发行:上海交通大学出版社　　　　　　地　　址:上海市番禺路951号
邮政编码:200030　　　　　　　　　　　电　　话:021-64071208
印　　制:江苏凤凰数码印务有限公司　　　经　　销:全国新华书店
开　　本:710mm×1000mm　1/16　　　　印　　张:16
字　　数:197千字
版　　次:2023年4月第1版　　　　　　　印　　次:2023年4月第1次印刷
书　　号:ISBN 978-7-313-28356-6
定　　价:48.00元

编 委 会

序

2021年，全国法院深入开展"护航司法安全献礼建党百年"系列活动。在此期间，上海法院结合党史学习教育，推出上海法院司法警察"十大感动瞬间"评选活动，一批忠诚奉献、心系群众、公正执法、勇于担当的司法警察呈现在社会公众面前。上海市高级人民法院与上海人民广播电台《法眼看天下——法院院长在线》栏目深度合作，邀请上海部分法院院领导、法警总队负责人、优秀司法警察代表及全国人大代表走进《我在法院当法警》直播访谈节目，连续十期在线讲述司法警察忠诚、坚守、为民、奉献的心路历程和感人事迹，并与听众探讨交流人民法院司法警察队伍的核心价值观及未来发展方向，在社会上得到了广泛共鸣。

为进一步激励上海法院司法警察队伍更好地肩负起党和人民赋予的职责使命，上海市高级人民法院结合电台访谈节目的内容，全面梳理了上海市司法警察队伍历年来的发展足迹，整理编写了《出发——我在法院当法警》一书。本书有三个特点：一是内容覆盖面广。讲述的内容涉及司法警务工作方方面面，忠实完整地呈现了新时代上海法院司法警察的精神面貌。二是人物代表性强。讲述故事的23人来自上海三级法院和专门法院，他（她）们从不同角度全景式反映了司法警察在法院审判执行工作中所起到的重要作用。三是故事感染力深。本书记录的每一个平凡故事都闪烁着司法警察不平凡的为民情怀。

　　法治中国建设正在稳步推进，司法警察工作未来将大有可为。做好职责内的守护、完善方方面面的服务、为审判执行工作注入新时代的内涵是司法警察的光荣使命。希望全国法院司法警察以习近平法治思想为指引，始终胸怀"两个大局"，牢记"国之大者"，切实担负起党和人民赋予的职责使命，让人民群众切实感受到公平正义就在身边。

　　是为序。

柴中国

最高人民法院政治部司法警察管理局局长

2022年8月

目　录

壹

火眼金睛

开花的季节

我跟枝叶同样幸福

沉甸甸的果实

注满了我的全部心血

——牛汉

肖晚祥

男，53岁，上海市第三中级人民法院刑事审判庭庭长（上海市虹口区人民法院原党组成员、副院长），三级高级法官，法学博士，从事法院工作30年。

安全检查是法院安全的第一道关口，严格执法不仅是为了法院工作人员的安全，更是为了保障诉讼参与人的安全。

——肖晚祥

陈宇峰

男，34岁，上海市虹口区人民法院司法警察大队安全保卫中队中队长，从事司法警察工作10年。

10年的司法警察经历，我始终保持如履薄冰的心态，努力练就"火眼金睛"的本领，守好法院安全的第一关。

——陈宇峰

对 话[1]

电台节目合影

安检不只是使用机器这么简单

主持人：严科长，我知道今天您给听众朋友们带来的这个故事，是关于法院里的一支"特殊部队"——司法警察的故事，对吗？

严剑漪[2]：对的。我在法院待了23年，在这23年中，我听到过很多故事，我的工作就相当于法院的新闻中心。前不久，我们对全市法院的司法警察进行了一次深度采访，听到了23年以来从未听过的故事，非常感动。所以，我很希望将这些故事分享给大家，例如安检，它是进入法院的第一个环节，看起来很简单，但其中大有学问。而坐在安检机器旁边的就是司法警察，我们平时叫他（她）们法警。他（她）们为了安检工

---

1   电台访谈时间：2021年10月15日；图片摄影：唐辰佶、郁玥等。
2   严剑漪，上海市高级人民法院法治宣传处（新闻中心）新闻科科长。

作，付出了很多心血。

主持人： 陈中队长，您看起来很年轻，做安检工作多少年了？

陈宇峰： 我是2012年进入上海市虹口区人民法院的，也是上海法院委托公安学院培养的首批司法警察之一。经过专业的安检技术培训之后，我就在安检岗位上专职从事X光机包检员等相关工作，至今已近十年。

在疫情暴发之后，我们的安检工作也迅速做出调整，我的岗位进行了前移，主要从事抗疫、防疫工作。在安检的这些年里，我逐渐养成了一个习惯，就是每天提早一小时到单位，在门口观察来法院的当事人，例如有没有需要帮助的老人，有没有集体来反映问题的民众。遇到恶劣天气等特殊情况，我也会及时跟领导汇报，确定是否需要提早开启安检通道，让当事人可以入院等待。

主持人： 有网友在问，法警是属于公安局编制，还是司法局的编制？能否请肖院长解答一下。

肖晚祥： 法警既不是公安局的编制，也不是司法局的编制，它是一个特殊的警种，叫司法警察，法院、检察院都有。此次参与节目的司法警察都是法院的工作人员。

主持人： 有网友说，法警是一种比较特殊的警察，平时面对的都是罪犯或者犯罪嫌疑人，要向你们致敬，辛苦了。肖院长，这个理解可以打几分？

肖晚祥： 还是比较准确的。但是，一般而言，任何人在没有经过法院判决之前都不能称之为罪犯。法院审判的刑事案件里，我们都叫他（她）"被告人"，也可以叫他（她）"犯罪嫌疑人"。

主持人：犯罪嫌疑人怎么跟安检工作结合起来？

肖晚祥：刑事案件被告人（犯罪嫌疑人）到法院开庭是有特殊通道的。从看守所把被告人提押到法院，法院有专门押送被告人的电梯，可以直接到达刑事审判庭所在的楼层，例如上海市虹口区人民法院开庭是在四楼，有一个专门的电梯直接到四楼，被告人会被临时关押在羁押室里面，等审判长宣布开庭的时候，法警再把被告人从羁押室提出来带到法庭。

主持人：安检在哪个环节呢？

肖晚祥：法院安检主要针对来法院打官司的民商事案件当事人，还包括来法院旁听或者办事的老百姓。犯罪嫌疑人到看守所时已经做过全身检查。

主持人：那么，安检工作到底是一个怎样的工作呢？

肖晚祥：法院安检不只是使用机器这么简单，它经历了一个从无到有、从比较简单到比较完备的发展过程。当事人来法院，首先就是要过安检。目前，安检环节还是比较多的，例如在疫情期间，我们要求来访人员在门口就出示健康码、行程码，佩戴好口罩，进入法院以后，还将对他（她）们进行身份信息登记，之后才正式开始安检，也就是对人身和携带物品进行安全检查，这是最重要的一个环节。

实际上，安检并不是一开始就这么完备的。我刚参加工作的时候，法院还没有安检，直到2004年，最高人民法院出台《人民法院司法警察安全检查规则》，要求全国各级法院必须设置安检场所，这个时候才出现并推广安检。刚开始，安检也比较简单，类似于大家在机场看到的金属检测门，来访人员从检测门里走过，如果带了金属物品，它就会发出警报，这主要是针对金属刀具的。后来，法院添置了一些设备，例如X射线检测仪、手持金属探测器等，检测的范围扩大了。发展到

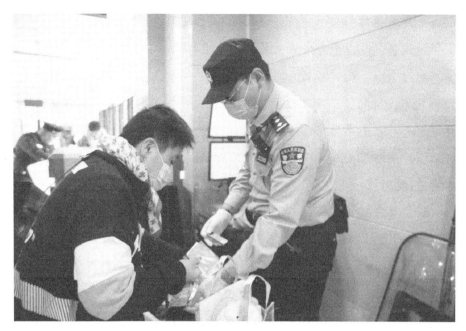

陈宇峰在安检

现在，法院安检又增加了很多设备，例如爆炸物品检测仪、酒精测试仪、鞋底金属探测器，等等。

主持人：这份工作除了技术上的把关，是怎样落实到"我为群众办实事"的高度的？

肖晚祥：前面我们讲的都是仪器，都是一种"技防"。在长期的安检工作中，我们感觉到，其实"技防"还要和"人防"结合起来，人是最重要的。我们在这个方面也动了不少脑筋，"人防"工作主要体现在三个层面：一是从事安检工作的司法警察；二是全院的干警；三是来法院打官司的当事人或者旁听、办业务的老百姓。

从司法警察层面来讲，上海市虹口区人民法院非常注重人才的梯队培养，在全市首创了一项制度，即新进司法警察安检岗位轮岗制度。要求新进司法警察必须分批到安检岗位上轮岗，也要求所有的司法警察都能熟练地掌握安检技能、熟练地操作安检仪器，一旦需要，马上上手。从制度推行至今来看，效果还是很好的。

　　针对全院干警，我们重视安全意识的树立。法院安全工作绝不是光靠几名安检法警或者安保人员就能万无一失的，还要依靠全院干警共同努力。我们结合多年来查获的违禁品，不定期开展安检主题展览，推动大家时刻紧绷安全这根弦，如果碰到相关问题，也能有意识地及时报告和处置。

　　面对来法院打官司的当事人或者来旁听的社会公众，要争取他（她）们对安检工作的理解、支持和配合。我们把安检的流程、注意事项，限制物品清单等通过上海虹口法院的微信公众号向全社会公布。大家知道有些东西不能带以后，来法院时自然就不会带了，而且大家清楚了安检的流程，办事的效率也可能更高。让更多人了解进而理解、配合法院安检工作，这也是上海市虹口区人民法院为群众办实事的一项重要内容。

　　可以说，法院安检工作从无到有、从简单到完备，经历了一个由点连线、由静态检查走向动态服务保障的过程，含义越来越丰富。

　　主持人：有网友说，那是不是可以理解为，有咱们法警的地方就

上海市虹口区人民法院结合查获的违禁品举办主题展览

是法院里最安全的地方？

肖晚祥： 可以这么说，法警负责保障法院安全，除了食堂的食物中毒不管以外，所有的安全问题都要管，包括消防、来院当事人的安全保护、法官的安全保护等。

主持人： 有网友提问，我们普通老百姓可以来旁听吗？旁听有人数上限吗？

肖晚祥： 旁听要看案件的类型，不是所有的案件都可以旁听，有些案件涉及个人隐私、商业秘密、未成年人等，是不公开开庭审理的，那就不能旁听。公开开庭审理的案件才能旁听，法院会提前三天发公告，老百姓可以凭身份证来旁听，旁听人员也要走安检通道。另外，法庭旁听席位有限，如果想旁听的人很多，就要分先来后到了。

"查、辨、盘、控"四步工作法

主持人： 陈中队长，听起来你不是单纯坐在那儿，你是怎么观察当事人的呢？

陈宇峰： 首先，安检工作是一个整体，需要大家分工合作，同时也要求我们每一位安检员注意力高度集中，并且具有一定的想象力，能够通过蛛丝马迹发现问题。如果我今天是X光机包检员，就是大家安检时看到的，坐在电脑屏幕旁的那一位，那么我的注意力主要集中在分析图像上。如果我今天是手检员，就是大家过安检时，请大家平举双臂，然后用一个金属探测仪给大家做人身检查的那一位，那我的注意力就集中在观察当事人神情举止上。我们不同岗位的注意力、关注度的优先级不一样，但是一旦发现问题或者是有突发情况，我们就会互相合作，把不同角度收集到的信息进行整合，共同面对，及时将安全隐患排除在外。

陈宇峰与安检工作人员分工合作

主持人：这几个位置，您都做过吗？具体是怎么操作的？

陈宇峰：都做过。我给大家举个例子，有一天，一名当事人来到法院，在安检的时候表现出了明显的排斥情绪。有多明显呢？就是我们在人工检查时请他转身，他180度转了一个圈，嘴里特别敷衍地嘟囔着"好了好了。"就着急想走，这是一处细节。我立刻察觉到了异常，仔细查看X光机图像，发现他随身携带的包里有一根钢钉，而且这根钢钉是跟硬币一起放在钱包里的。

另外，我还看到他身上挂了一块刑事案件开庭的牌子，这是第二处细节。我当即停止安检通道，取出他包里的钢钉，问他为什么要把钢钉放在钱包里，看他是不是有合理的解释。这时候，他神情紧张了，回答得支支吾吾，我也不知道他到底在说什么。于是我的同事对他进行了人身安检复查，居然在他的腰带扣里发现了一根折断的缝衣针，这说明他是有备而来的。我进一步猜测，他是不是还在身上其他地方

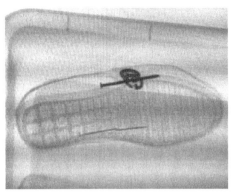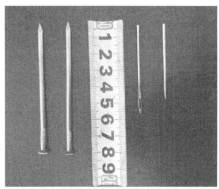

查获的钢钉和缝衣针

藏了管制物品或限制物品，就安排他去做了脚底金属探测，结果在他的鞋垫里也查出了一根钢针和两根折断的缝衣针。在控制住当事人之后，我们第一时间向警队领导汇报。就是这么一个工作思路，指引我们一步一步地察觉到当事人当时的不法企图，从而阻止了一起刑事案件当事人准备当庭吞针、阻挠案件庭审的事件。

主持人：这得特别细心、特别细致。

肖晚祥：如果我们法警没有发现这个问题，后果就严重了。补充一下，我们从事安检工作的司法警察，包括其他做这个工作的安保人员必须要有敏锐的眼睛、缜密的思维，遇到突发事件也要能快速反应，这个特别重要。我们在这方面积累了一些工作经验，也有一些成功处置的案例，于是想到把这套经验固定下来，就专门梳理总结工作流程，形成了"查、辨、盘、控"的"四步工作法"。

中医诊断有"望、闻、问、切"，我们的"四步工作法"有异曲同工之妙。什么是"查"呢？"查"就是严查，安检不能走过场，一定要严格，一定要细致，而且要能够举一反三。就像刚才陈宇峰讲的，当事人通过X光机后，在他的包里发现了钢钉，法警马上深入检查，

"四步工作法"被最高人民法院刊发

到底他身上、鞋底有没有携带违禁物品，如果X光机也测不出来，法警就要贴身检查，甚至要用鞋底金属探测器看看有没有新的发现。

什么是"辨"？"辨"就是细辨。我们的安检工作不光是机器的检测，还要跟当事人互动，要看他的神态，他的眼神是游离的还是自然的，他是不是很紧张。如果他很紧张，可能这里面就有问题。

还有一个"盘"，"盘"就是详盘。如果检查出了违禁物品，不是把东西没收就可以了，我们还要详细地盘问违禁品是哪里来的，带来准备干什么用。这样问有利于对相关人员做进一步处置，也有利于防止二次危险发生。

"控"就是稳控。稳控既包括对人的控制，也包括对物的控制，如果发现相关人员携带违禁品，法警要马上把人控制好，对他（她）进行批评教育，甚至处罚；如果构成犯罪，可能还要移交公安机关。物也要控制好，例如枪支、弹药、管制刀具、毒品等，要做到有效控制、妥善保管。

这就是"查、辨、盘、控"的"四步工作法"。"四步工作法"不要求严格按照顺序来，它是同步发力的，重在体现安检的高标准、严要求。我们也很自豪，"四步工作法"推出后，被最高人民法院刊发，并向全国进行推广，作为全国法院司法警察安检的参考样本，发挥了很好的作用。

主持人：陈中队长，安检机器到底是怎么分辨东西的？

陈宇峰：在现实生活中，我们看到的物品，它该是什么样就是什么样，但是在我们X光机的成像中，它的颜色是与平常不同的，例如我们经常吃的面包、苹果等有机物，它呈现出来是橙色；像我们随身携带的包、玻璃瓶等，这些是混合物，呈现出来是绿色；蓝色代表了无机物，例如大家每天携带的钥匙、剪刀等。X光射线穿透不了的，它呈现的就是黑色，例如包里堆在一起的硬币，还有电池铅块等，所以我们安检的时候，会安排一个引导员提醒大家，取出包里的电脑、充电宝等，放在单独的盒子里分开进行安检。

不仅是执法者，也是正能量的传播者

主持人：这10年来，你印象最深的事是什么？有没有遗憾？

陈宇峰：有一件事我印象比较深。有一次，我们通过X光机发现当事人包里有一个微型电子秤，经过盘查，在秤里找到了毒品。这位当事人是一个挺着大肚子的孕妇，还带毒品来法院，非常夸张。

我们发现毒品之后立即启动应急预案，在稳控等待移交公安机关的时候，我就问她，为什么要带毒品来法院。结果，她很淡定地跟我说，这是她每天要吸食的，并且很诧异地看着我，问我是如何通过机器发现她包里有毒品的。我反问她，你难道没有考虑过肚子里孩子的健康吗？她摇了摇头。我一下子就震惊了，在那一瞬间，我感觉我应该帮一帮她，提醒一下她。在安检岗位上，我意识到自己不仅是一个执法者，而且还可以是一个正能量的传播者。安检这份工作对我的意义一下子就不一样了，它不仅是日复一日地重复检查，而且还是践行社会主义核心价值观的过程。

主持人：有网友问，安检机器有没有辐射？对孕妇有没有影响？

上海市虹口区人民法院在来访人员包里查获毒品

陈宇峰：安检机器是符合国家相关标准的，有一定的安全要求。况且，如果你是孕妇，可以跟安检人员说，我们会采取手工检查的方式，对你进行安全检查，大家可以放心。

主持人：有网友关心，机器真的能查出毒品吗？

陈宇峰：是的，但是并不是所有的物品都能通过X光机进行辨别，例如一包冰糖和一包冰毒在X光机的成像中都呈现出极小的、很淡的橙色颗粒状，在没有缉毒犬的情况下，就算法警看到了这些细微的、淡淡的颗粒，也没有办法第一时间就分辨出它到底是毒品还是冰糖。令人欣慰的是，10年来，我们始终秉持"安检无小事"理念，检查出了近万件限制物品和管制物品，一直是零事故。

肖晚祥：补充一下，上海市虹口区人民法院安检岗位是虹口区的文明示范岗，获得了很多荣誉。

主持人：陈中队长，那令你遗憾的事是什么呢？

陈宇峰：那天，已经是临近下班的时候，有一个女性当事人到法院缴费。安检时，我发现她包里有一个打火机，就请她取出来。但是，她翻了翻包，然后说没有，就要往里面冲，最后被我们安检人员拦了下来。我坚持要她把打火机拿出来，因为打火机是不能带进法院的，她一下子激动起来，把包里所有东西都倒在安检台上，指着我说，你睁大眼睛看看清楚。

后来，经过一番查找，打火机被找了出来，原来是掉进了包的一个夹层当中。后来，她再去缴费，窗口已经关闭了，她红着眼睛来跟我们抱怨，都怪你们太认真了，影响了我办事，我明天还得再来一趟。当时，我刚接触安检一两年，这件事对我触动很大，我要求她安检并没有错，但是影响当事人办事也并不是我的初心。

经过这件事情，我就一直在思考，如何在安全至上的前提下提高工作效率，提高为民服务水平。后来，我努力在工作中做一个有心人，多为当事人考虑，例如尝试做一些电子登记，在来访人员寄存物品的时候，就将异样物品详细登记起来。上海市虹口区人民法院在进行智慧警务建设时，这个工作方法就被运用到警务指挥平台之中，成为我们安

上海市虹口区人民法院司法警务指挥管理平台

检工作的一个重要助手。

主持人：讲原则，但是温度也在，肖院长，这是不是已经成为上海市虹口区人民法院的工作模式了？

肖晚祥：对的。在长期的安检工作中，我们感觉到仅靠"机防"和"人防"可能还不够，还得靠"技防"。上海市高级人民法院一直在推广智慧警务系统，上海市虹口区人民法院是试点单位之一，我们一直在探索通过一个模式、一个平台，提升安检能力和服务保障水平。

什么是智慧警务系统呢？简单来说，就是司法警务与现代科技的深度融合，通过"司法警务指挥管理平台"实现功能集成，使警务指挥可视化、警力调配集约化、应急处突快速化等。这个系统便利了司法警察，尤其方便安检法警与当事人进行沟通，有利于我们更好地为他（她）们服务。

（姜叶萌　整理）

幕后心语

郭　燕[1]

长期以来，很多当事人对法院安检工作存在误解，认为安检是为了法官的安全，实际上，各种各样的危险物品带进法院，威胁的不仅是法官，而且有时也会伤害当事人自己。另外，一些别有用心的人千方百计地把违禁品带进去，目的只有一个，就是想用它自伤、自残，以获取诉讼方面的便利，这就可能影响案件审判，损害另一方当事人的合法权益。从这个角度上说，司法警察是在维护一种公正。

---

[1]　郭燕，《人民法院报》记者，上海市高级人民法院法治宣传处（新闻中心）新闻科工作人员。

我们常常讲，要让人民群众在每一个司法案件中感受到公平正义。公平正义不是一个孤立的名词，它是一个系统工程，而司法警察是很重要的一环。我在采访的时候有一点非常感动，就是上海市虹口区人民法院的法警们告诉我，他（她）们做安检工作越做越提心吊胆，这是怎样的一种如履薄冰的状态。

网友留言

@chencheng：法警责任重大，事关社会的稳定、安全，必须有一双"火眼金睛"，让不法分子不寒而栗，彻底暴露出"庐山真面目"。为法警们点赞！

@龙的传人9690：法警面对的往往是罪犯或犯罪嫌疑人，他（她）们是警种中比较特殊的一种警察。向他（她）们致敬！辛苦了！

报道精选

别（biè）藏，你藏不住"秘密"[1]

文/廖丽君

法院是安全系数最高的地方之一，但你可有想过为什么？

---

[1] 廖丽君：《别（biè）藏，你藏不住"秘密"》，上海市高级人民法院微信公众号"浦江天平"（现更名为"上海高院"，下同），2021年10月18日。

或许我们可以从法院的"第一道防线"——安检，开始寻找答案。

你在进入法院前，必须先通过安检的一道道"关卡"。身份核实、信息登记、人身检查和随身物品检查……

曾有人不信邪，把刀片、钉子悄悄藏在鞋底、腰带里，还有带假梳子、真小刀，假烟盒、真毒品，假手电、真电棒……一系列五花八门的违禁品，显然都没有逃过法警们的"火眼金睛"。

别（biè）引起他们的注意

在安检的X射线检测仪成像里，有机物、无机物颜色不同，各个物体间透明度也不一样，伪装成梳子的刀和藏在纸巾里的针都会"赤裸裸"地呈现在法警眼前。

当然，也有机器都难以辨别的情况，那就是法警们展现实力的时候了。

陈宇峰等人在查看X光机成像

作为法院安全的"第一道防线",安检法警面对着不同的情形,如何做好每一步的判断和处置是每一位安检法警必修的看家本领。

一旦有突发事件,他(她)们就会互相配合,把多角度的信息整合起来,共同应对。

在几年的配合中,上海市虹口区人民法院安检法警们在工作中渐渐摸索出了一套行之有效的方法,在成功处置的案例基础上,上海市虹口区人民法院专门总结了一套工作流程,形成"查、辨、盘、控"四步工作法。

"查"是严查。例如陈宇峰发现当事人携带的包内有钢钉形状的物品后,重新进行人工复检,不放过任何一个细节。

"辨"是细辨。当事人的情绪、神态要仔细观察,通过X射线检测仪的物品也要仔细辨别。有些物品,例如很细的钢针,比较难观察,就需要安检人员练就"火眼金睛"。

"盘"是详盘。一旦发现可疑情况或违禁物品,立即进行询问。

"控"是稳控。发现不法意图或违禁物品后,第一时间控制住人和物品。

在"四步工作法"的保障下,安检法警们查获了7次包检机都识别不出来的毒品:金属化妆盒里的海洛因、钱包夹层内的冰毒……

"四步工作法"被最高人民法院刊物录用,向全国法院推广,成为一套非常实用的岗位指南。

理解,也希望被理解

这份安检工作,往往也存在很多不被理解的时刻。

有当事人在法警要求进一步检查的时候,开始叫嚷:"没见过名牌包吗?来来来,给你摸摸!"有当事人拿起手里的钥匙便往法警身上砸。

"在法警工作中,我代表的是法院,不能把当事人的人身攻击看作针对我个人的,"陈宇峰说,"我理解习近平总书记对人民警察队伍提

陈宇峰与来访人员交流

出的'对党忠诚、服务人民、执法公正、纪律严明'十六字总要求里的忠诚，就是遇到问题不能放弃。"

在一次安检时，陈宇峰发现一名当事人藏带毒品来院。带毒品进法院本身已经涉嫌违法，而这位当事人居然还是一名挺着大肚子的孕妇。

就在那一瞬间，陈宇峰意识到必须要去提醒她，劝一劝她，帮助她。安检的这个岗位，法警承担的角色不仅仅是一名执法者，还可以是正能量的传递者。

对很多像陈宇峰这样的法警来说，安检工作不是日复一日地重复操作，而是对责任和使命的践行。

这些年，他养成了一个习惯，每天都提早1小时到法院，在门口观察提前来院的当事人情况。有没有需要帮助的老人？有没有集体信访？遇到恶劣天气等特殊情况，他还会请示领导是不是提早安检，让当事人入院等候。

他说，要把每一个来法院的当事人当作亲属。

他说，笑一笑能解决很多问题。

他不惧怕辛劳，也不为苛责生气，只是期待获得更多的理解。

想做得更好一点

刚做安检工作的那两年，陈宇峰对岗位准则的理解还不那么全面，对严格执法的准则几近机械地执行。

怎样才能在保证安全的前提下，尽可能提高工作效率，多为当事人考虑？

陈宇峰在工作中尝试做电子登记，在寄存物品时就把异常情况、信息点记录下来。上海市虹口区人民法院智慧警务建设时，这一点被吸纳至一体化警务指挥平台里，成为安检岗位的重要智能辅助。

有了这个智能辅助，当事人进入法院时首先进行信息核对与身份登记，要办理的诉讼业务信息也同时录入"智慧警务系统"。此后当事人安检时，安检人员就能了解其办事情形，遇到当事人忘记开庭时间等情况还能及时做出引导和提醒，不会再发生像打火机事件这样让陈宇峰久久遗憾的事情了。

"智慧警务系统"还有物品寄存、异常停留报警和分贝报警等功能。在"人防＋技防"的双重保证下，法院的安检工作更加坚不可摧！

法警的使命是"保护"和"服务"

安检无小事，不是走"过场"。

一旦带着情绪的当事人利用携带的刀具等违禁物品实施极端行为，后果将难以想象。一个小小的遗漏就可能带来无法挽回的结果。

安检法警在岗位一刻，就要如临深渊、如履薄冰一刻。

10年里，上海市虹口区人民法院法警安检团队检查出几万件限制、管制物品，至今零事故。针对查获的违禁品，还专门在安检通道内展出了以往安检中查出的实物照片，让每一位进出法院的人都能看到。

法院安检设施也不断升级换代，从只有一道金属探测门到增加X射线检测仪和手持金属探测器，再到今天的"加强版"设备，例如液体检测仪、危险物品检测仪、鞋底金属探测器、酒精测试仪等。

"除了硬件设备的升级换代，法院安检工作要确保安全、平稳，另一个关键因素在人。"肖晚祥说。这些年，上海市虹口区人民法院不断完善安检岗位工作流程，在人才培养上进行了许多投入。

虽然X射线检测仪可以穿透包裹识别刀具，但安检法警可以通过当事人的肢体语言"捕捉"他们的慌张；虽然X射线检测仪可以接收"检查"的指令，但安检法警能够履行"保护"和"服务"的使命。

法院保障安全不仅是为了法院工作人员的安全，而且是为了诉讼参与人的安全。"在生命安全面前，怎样的小心谨慎都不为过，我们宁愿多一些麻烦，多一些检查。"肖晚祥说。

司法警察是法院里默默无闻的幕后英雄，他（她）们的存在不可或缺，就像空气，在的时候可能不被关注，一旦失去，就是要命的事儿了！

荣誉清单

陈宇峰

2014年区级机关个人嘉奖

2015年上海法院警务保障标兵

2017年区级机关个人嘉奖

2019年区级机关个人嘉奖

2021年上海法院系统个人嘉奖

贰

步步安心

期望，而且为它斗争，

请把这一切放在你的肩上

——舒婷

段守亮

男,54岁,上海市黄浦区人民法院党组书记、院长、二级高级法官,从事法院工作27年。

人民法院司法警察既是人民警察的警种之一,又是人民法院的重要组成部分,是维护法院安全和审判执行秩序的重要力量。

——段守亮

龙登峰

男，43岁，上海市黄浦区人民法院司法警察大队政治委员，从事司法警察工作12年。

在司法为民、服务审执的过程中，人民法院司法警察甘做绿叶，默默奉献，愿以青春和热血为人民法院的审判执行工作保驾护航。

——龙登峰

对 话[1]

电台节目合影

紧急救援

主持人：严科长，这一次又给我们带来了怎样的故事呢？

严剑漪：今天的故事是发生在全市法院中唯一"没有围墙的法院"，而且还是咱们市中心的法院。这事儿比上次上海市虹口区人民法院的还要惊心动魄，甚至是在短短一小时当中发生的，而且最后还解决了。

主持人：事情解决了会让我们感到很安心，但过程确实同样让我们非常好奇。段院长，您之前好像没有通过媒体与百姓对话过，今天是第一次？

---

[1]　电台访谈时间：2021年10月22日；图片摄影：陈琪等。

段守亮：《法眼看天下》节目能播出司法警察的故事，我感到非常欣慰。平时大家关注比较多的是法庭、审判长或者判决书等，对司法警察工作不太了解，实际上他（她）们承担了很大一部分司法幕后工作。今天能有一个平台和听众朋友们沟通，我责无旁贷。非常高兴参加今天的节目。

主持人：在上一期节目中，我们了解到，法警工作对于法官、老百姓都非常重要，关系他（她）们的身家性命。

段守亮：来法院打官司的人大多在前期已经尝试过多种纠纷解决途径，或多或少带着情绪，也对化解矛盾纠纷抱有一定期望。站在法院的角度，第一，要保证他（她）们绝对不带任何危害安全的物品进入法院；第二，要指引他（她）们听从工作人员包括法官和法警的指挥，让纠纷以平和的方式、以法律裁决的形式得以解决。

主持人：通过今天的对话，您希望能够达到什么样的效果？

段守亮：我希望听众朋友们以后遇到纠纷能够理性解决，对于自己的失控情绪和行为能够理性控制。

主持人：龙政委，如果真发生了一些紧急情况，你们怎么解决？

龙登峰：我们在平时的工作中总结出了一套有效手段，并结合警务信息化措施，不断提升成功率。例如有一次，我们就妥善处置了一个当事人在卫生间轻生的案例。事情发生在上午十点半左右，一名60岁左右的女性当事人从西门安检口进院。她上半身穿着薄薄的黑色长袖T恤，留着短发，看起来非常精干。她进来的时候一直抱怨，你们法院又不是机场，安检查来查去有什么意思。过了安检门，还有一个手探的环节，手探员在给她做检查的时候，她又说，我又不是犯人，你们查来查去的还有完没完。

主持人：什么叫手探？

龙登峰：就是我们一个手持的金属探测仪。手探员看她当时情绪不是很稳定，一脸的怨气，就跟我们指挥室报告了情况，指挥室当即安排了一名特保队员对她进行保护性跟随。

这位女性当事人是来信访的，大概25分钟之后，信访法官接待结束，她的情绪突然就失控了，在信访接待室里对着法官大喊大叫，非常歇斯底里。我们的信访岗位也有司法警察，叫傅佩明，是一名老同志，经验比较丰富，听到喊声以后立马就冲了过去，跟我们特保队员一起，先把她劝到接待室外面的沙发上，让她坐下来，给她倒一杯水，然后听她讲自己的诉求。她讲得差不多了，火气也就下去了一大半。这个时候，傅老师就对她说："你来法院是干什么来了，是为了解决问题，对不对？你火气这么大，自己讲不清楚，法官也听不清楚，这样解决不了任何问题。"

当事人的情绪逐渐平静了，问傅老师，你们有没有厕所，我想去上个厕所。出于职业敏感性，傅老师留了个心眼，她对当事人说，我带

〈15〉大堂东

傅佩明与当事人一起去厕所

你去，然后就跟特保队员一起，带着这位女性当事人来到了卫生间门口。这位当事人想把卫生间门关上，傅老师告诉她，里面厕所间还有小门，大门就不要关了，你放心，没事的。

当事人上洗手间的时候，傅老师就在外面大声与她交谈说："你是不是六十多岁了？看样子比我还大几岁，身体看起来也不错。你到法院来，不管能不能按照意愿解决问题，都得跟法官好好说。你这样吵来吵去对自己身体不好，而且法官也听不明白你说什么。如果你下次还要过来，又觉得控制不住自己的情绪，就叫小孩一起过来，心平气和地跟法官谈，才能争取一个好的结果。"

主持人：司法警察这份工作，归根结底是想保护好人民群众的生命安全和身体健康，包括通过法律手段把问题处理好，让当事人放下心里的结，对吗？

段守亮：对，把心结解开是非常重要的，也是一直以来我们追求的一个目标。

主持人：有网友留言，听说上海市黄浦区人民法院是"没有围墙的法院"，这是什么意思，段院长能解释一下吗？

段守亮：这和上海市黄浦区人民法院现有设施有关，上海市黄浦区法院经历过与原南市区人民法院、原卢湾区人民法院的两

上海市黄浦区人民法院

次合并，在合并之后形成了两处办公地点。办公地点在市中心，受限于位置条件，没有围墙、传达室以及缓冲地带，所以是一家"没有围墙的法院"。

主持人：它也传递出了上海市黄浦区人民法院的特点。

段守亮：是的。一方面，我们跟当事人是无距离的，老百姓从马路过来可以直接进入法院；另一方面，也给法院带来一些安全检查方面的压力，这也是上海市黄浦区人民法院处置突发事件特别需要积累经验的一个原因。

主持人：龙政委刚才讲的这个事情就是一次很大的挑战，后来怎么样了？

龙登峰：傅老师在门口一句句地问，主要目的就是听里面有没有回应。大概有那么一两分钟，傅老师发现没人回应，就探头往里面一瞧，看到卫生间里的横梁上挂了一条丝巾。傅老师心里一激灵，马上一个箭步冲过去，跟特保队员一起，"咣当"一声把卫生间的门撞开，跑进去一把将当事人拉了下来。他们仔细查看，确定当事人没有什么问题才放了心，但是问题还没有解决，他们又马上联系承办法官，由承办法官继续做当事人的思想工作。大概10分钟之后，当事人彻底平静下来，有点想通了，傅老师跟特保队员一起，将她平平安安地送出了法院。

要帮她而不是防她

主持人：龙政委，像这样先不配合安检，后来确实又做出一些所谓"出格"的举动，是不是规律性的？

龙登峰：是的，正如段院长刚才所说，一般到法院来的人都不是开开心心来的，大多数人都会有一些想不开的地方，或者是有一些突出的矛盾，但是一般人都会配合我们安检，如果这个人特别抵触安检，我们就必须有一个机制，就是怎么样去保护他（她），不让他（她）做出伤害自己或者妨碍他（她）人的举动。

主持人：龙政委，傅老师捕捉细节的能力，您满意吗？你们在挑选跟随的法警时，有没有一些特别要求？

龙登峰：这位傅老师是位女同志。我们会看情况分派同志，一般如果是男性当事人，就会派男性的司法警察或者特保队员，女性当事人就派女性。傅老师是我们上海市黄浦区人民法院法警大队最年长的一名女性司法警察，她个人的工作经历和生活阅历都非常丰富。她是部队转业到法院的，到法院以后又在业务庭做了一段时间的书记员，所以，她对法律法规和诉讼程序都比较了解，再加上她的性格就像大姐姐一样，心思非常细腻，做事也很认真，给人一种很踏实、能依靠她的感觉，我们平时安排工作时就会让她到应急处置和信访接待的岗位上。

主持人：傅老师的处理方式是从心理上指出问题并且疏导，是一种循循善诱的感觉。

龙登峰：其实这个是有技巧的，傅老师平时也会给年轻法警们传授经验，教大家注意学习跟人沟通的技巧，尤其是信访这类岗位，有可能你一句话说得好，当事人会笑；说得不好，他（她）可能会跳。关键在于我们要真正站在为当事人解决问题的立场上去帮他（她）们。为什么傅老师劝她冷静下来好好跟法官讲，就是告诉她，法院会帮她解决问题，并不是时时刻刻防着你，不让你干这个、不让你干那个，我们还是想帮助当事人把事情顺顺利利地处理好。

主持人：段院长，司法警察这个岗位究竟是干什么的？

段守亮：主持人的这个问题非常好。听众朋友们对公安干警的工作可能更熟悉一些，司法警察的工作范围主要是在法院内，除了到法院打官司的当事人以及诉讼参与人之外，其他人对他（她）们的工作也许不太了解。

司法警察工作从职责上来看主要有四项：一是维护审判区域的秩序，我们法院每年有4万多起案件审理，民商事案件就有2万多件，这2万多件都要经过开庭审理，当事人要到庭答辩，家属或者近亲属可能会过来旁听等，例如在一些离婚案件中，前期双方家长之间就冲突得很厉害，在旁听席上，经常会出现女方家长、男方家长谩骂甚至殴打的情景，这就需要有法警来维护秩序，否则庭审乱了，当事人的安全也得不到保障。二是刑事案件中押解被告人，我们叫值庭。大家在电视节目中经常会看到这样的画面：刑事案件中，被告人身后站着或者坐着两名法警，这里法警的工作主要是保障刑事案件被告人完成庭审活动。三是安检。四是执行强制措施，例如司法拘留，就是由法警来进行的。

上海市黄浦区人民法院司法警察大队集中训练

我们曾经遇到过一个突发事件。法庭上有席位牌，就是写着"审判长""陪审员""原告""被告"等的金属牌子。在一起离婚案件的庭审中，男方当事人拿起他席位上的牌子砸向女方，女方当事人瞬间头部流血，后来我们对男方实行了拘留，也进行了罚款。这个事件给我们的教训是很深刻的，之后我们就把所有法庭上的席位牌进行了加工，把它们固定，不能移动，预防再出现类似的事件。

"人防"和"技防"的完美结合

主持人：这份工作是这样的重要，不能小看。

段守亮：是这样的。法院里面有法官、司法辅助人员（法官助理、书记员）、司法行政人员（行政综合办公室的人员）、法警等。几个序列的分工不同，绝对没有哪个岗位低人一等之说。很多法警对自己的岗位非常热爱，工作尽职尽责，让我们很欣慰。

主持人：这些工作岗位就像一个司法审判的闭环，司法警察在这个闭环中就是保证安全、维护秩序。那么，上海市黄浦区人民法院对做好这份工作有什么要求？

龙登峰：司法警察既是一个关卡，又是一个法院的窗口，因为当事人来法院，第一眼看到的可能就是司法警察，所以我们要求全体司法警察对当事人一要有服务意识，真诚地为他（她）们解决问题。二是笑脸相迎，至少不能板着脸。三是文明用语，类似于"请您出示""请您配合"这类话语。还有就是及时手势引导、帮忙指路，例如指引当事人，告诉其法庭在什么地方。这些都是对司法警察的基本要求，但做到这些，很多当事人的怨气或者怒气就会消减不少，也能最大限度地降低突发事件发生的概率。

主持人：上海市黄浦区人民法院有哪些好的做法值得学习？

龙登峰：警务信息化装备和制度相结合，通俗来说，就是"人防"和"技防"的完美结合。打个比方，人脸识别系统发现某位当事人以前来过法院，而且有过情绪失控的经历，就会在后台自动显示一个弹窗确认他（她）是哪名当事人、找哪位法官的，然后指挥室就会关注他（她）。我们会要求安检岗位的司法警察、安检员注意观察当事人神色是否自然。如果他（她）行动不便或者年老体弱等，我们也会派司法警察去帮助他（她），例如上台阶扶一把、帮忙找法庭、联系法官等。如果他（她）容易情绪失控，我们在关键时刻也能防止他（她）做出一些伤害自己或者妨碍他（她）人的行为。

上海市黄浦区人民法院加强警务信息化系统运用

这一套工作机制以及警务信息化做法，在上海市高级人民法院召开的"处突能力建设推进会"中进行了推广，最高人民法院司法警察管理局也给予了高度肯定。

主持人：最高人民法院还给法警大队颁发过一项荣誉，是吗？

龙登峰：这是两年前的事了，是我们警务信息化建设以及警队应急处置建设的一个成果。最高人民法院授予上海市黄浦区人民法院法警大队"全国法院先进集体"称号。这在法院系统来说，尤其是对我们司法警察来说是相当了不起的，每年全国大概只有两三家法院的司法警察队伍能获此殊荣。还有我刚刚讲的这个案例，妥善处置以后，上海市高级人民法院的刘晓云院长对处置工作非常肯定，专门批示说："上海市黄浦区人民法院对该事件的处置及时有力，防止了恶性事件的发生，应给予表扬。"

主持人：段院长，在这些成绩的基础上，您对未来提出了怎样的要求，带着大家更好地完成这份工作？

段守亮：习近平总书记对人民法院提出的"努力让人民群众在每一个司法案件中感受到公平正义"，就是我们的终极目标。同时，总书记对人民警察也提出了十六字训词——"对党忠诚、服务人民、执法公正、纪律严明"，这就是我们的总体要求。另外，让老百姓平平安安地走出法院，这是我们的最低要求。

（汤峥鸣 整理）

幕后心语

郭 燕

在这次采访中，我最鲜明的感受就是，我们的司法警察不愧是司法警察，他（她）们都是解决纠纷的人，而且解决的纠纷可能更加紧迫、更加复杂。

其实说到底整个司法制度就是一个解决纠纷的制度，但是平时大家说到法院去解决纠纷，一般还是指老百姓来打官司，法官作出裁判。但是，来打官司的当事人毕竟都是活生生的人，遇到了问题，情绪随时都可能爆发，这时候怎么办？司法警察的作用就凸显了出来。

当然，不是说让司法警察像法官一样去一锤定音、定分止争，而是他（她）们要有一种能力，就是一句话让当事人笑，要能把当事人情绪的"燃点"迅速降下来，避免后续发生更加危险的事情。这是一种做群众工作的能力，非常重要。

在老百姓心中，来法院打官司唯一的目的就是解决纠纷。在他（她）们眼里，不管是法官还是司法警察，都是解决纠纷的人，是定风波、解民忧的人，这是法院的一个重要职责，也是它存在的重要意义。

网友留言

> @chencheng："步步惊心"化为"步步安心"，这需要法警强大的自身素质。一身正气，一身真功夫，以维护法律尊严、法律的严肃性。唯有这样，才能遇事坦然面对，不惊不慌，确保安全。

报道精选

让"步步惊心"变"步步安心"[1]

文/廖丽君　倪璐窈

法院，是矛盾纠纷最集中的地方之一。法院的安全保障工作，无时

---

[1]　廖丽君、倪璐窈：《让"步步惊心"变"步步安心"》，上海市高级人民法院微信公众号"浦江天平"，2021年10月25日。

无刻不在经受着考验。

面对猝不及防的突发事件，法警如何在当事人钻牛角尖时力挽狂澜？"没有围墙的法院"又如何妥善保障安全？

惊心动魄一小时

安检是将具有危险性的物品挡在了审判场所之外，但在庭审或调解中还是会发生各种各样的突发事件。例如，稍不留神，有些情绪激动的当事人，就会做出伤害自己或者他人的举动。此时，法警必须迅速应对，妥善处置。

"当事人遇到纠纷能够理性地去解决，对自己的情绪，特别是对一些失控的行为，能够理性地控制住，这是我们所期盼的。"上海市黄浦区人民法院院长段守亮说。

这次"意外"之后，上海市高级人民法院专门在上海市黄浦区人民法院举办了"上海法院处突能力建设推进会"，上海市黄浦区人民法院

上海法院处突能力建设推进会现场

的应急处置机制也是向全市法院推广交流的内容之一。

2019年，最高人民法院出台新修订的《人民法院司法警察预防和处置突发事件规则》，将上海市黄浦区人民法院在"上海法院处突能力建设推进会"上推广的成果包括在内。

"上海市高级人民法院在此基础上，总结了人民法院突发事件处置工作的'十防'工作法，"上海市黄浦区人民法院司法警察大队政委龙登峰说，"'十防'工作法主要包括防冲撞、防自焚、防自残、防行刺、防投掷、防拦截、防自杀、防裸访、防攀越、防传染。"

"没有围墙的法院"却很安心

黄浦区地处上海核心区，周围不仅有上海市级机关集中办公点，而且还有南京路、外滩、豫园等城市地标。一旦发生突发事件，如果处置不当，就会直接影响周边交通和市民、游客的正常生活。法警的安全保障工作必须"万无一失"。

与此同时，上海市黄浦区人民法院又被人称作"没有围墙的法院"，它分两处办公，"门多、人杂、难管理"，对法警的工作是极大的考验。

为此，上海市黄浦区人民法院司法警察大队结合队伍特点和法院所处环境，科学统筹警力，建立了一套具有上海市黄浦区人民法院特色的工作管理制度，形成了一套安全保障组合拳。

为有效地处置突发事件，法警大队加强警务信息化建设，例如结合人脸识别系统观察来院当事人。如果当事人以前来过法院，并有一些不冷静的行为，系统便会自动弹窗提醒。

在指挥长值班制度下，上海市黄浦区人民法院司法警察大队每天都有一名中队长负责收集各类信息，上报情况，下达指令，处置突发事件，统筹调配警力。处置突发事件时，指挥长会根据新老搭配原则，安排经验丰富的老法警带着年轻法警进行现场处置。

每日 16 点 30 分，全队会在警务指挥长的召集下召开例会，讲评当日工作情况，布置明日警力安排，对工作中存在的疑难复杂问题进行讨论，这一制度已经坚持了 10 年。

法警大队还特别要求法警们要多观察、多留心，以便及时为年老体弱、行动不便的当事人提供帮助，对有过过激行为或神色不自然、怨气较大的当事人重点关注，及时采取必要措施，必要时派特保队员或者法警全程陪同。

为了进一步提升法警大队应急处置的能力，上海市黄浦区人民法院重点开展"实战化"练兵活动，确保法警在遇到各种突发事件时能够游刃有余、妥善处置。

先进的硬件设施、完备的工作制度、认真细致的干警，让上海市黄浦区人民法院在处置突发事件时做到了"事前有预案、事发有预警、事中有处置、行动有依据、全程有掌控"。2018 年，最高人民法院表彰先进，上海市黄浦区人民法院司法警察大队被评为"全国法院先进集体"。

"一句话"让当事人笑

来到法院打官司的当事人不只是案件的当事人，也是一个个活生生的人，他（她）们遇到了困难，自然就有不满情绪。帮助他（她）们从"爆发"的状态中冷静下来，需要的是理解和共情。

用法警大队傅佩明的话来说，就是一句话说得好不好，可以让当事人跳，也可以让当事人笑。真正从为当事人解决问题的角度出发，就不会觉得这件事有多难做了。

如果说白细胞是人体与疾病斗争、保障健康的卫士，那么法警就是法院防御意外事件、保障安全的屏障。维护审判执行秩序、安全检查、押解和看管刑事被告人、执行拘留等强制措施、协助机关安全和涉诉信访应急处置工作、保护履行审判执行职务的司法工作人员人身安全……这些都是法警的职责所在。

"我们很多司法警察对法警的工作、岗位非常地热爱，工作尽职尽责。"段守亮说。

"一颗为民之心、一个笑脸相迎、一句文明用语、一个手势引导"，上海市黄浦区人民法院专门提出了对司法警察的"四个一"要求。

上海市黄浦区人民法院司法警察大队总是尽量想得周到一点，准备工作做得多一点，将各项工作做实、做细，"付出一万的努力，杜绝万一的可能。"

司法警察不仅要"让当事人笑"，也要让当事人安心，有网友在听完节目后留言："从'步步惊心'到'步步安心'，中间付出的是赤胆忠心和万苦千辛。道一声：向人民卫士致敬！"

荣誉清单

龙登峰

2010年区机关系统"世博先锋优秀共产党员"

2010年上海法院系统个人三等功

2012年上海法院系统个人三等功

2014年上海法院系统个人嘉奖

2015年区级机关个人嘉奖

2016年上海法院系统个人三等功

2017年"邹碧华式的好法官、好干部"

2017年区级机关个人嘉奖

2021年区级机关个人嘉奖

惊险一刻

在深渊的边缘上，

你守护我每一个孤独的梦

——那风啊吹动草叶的喧响

——北岛

沈璇敏

女，56岁，上海市崇明区人民法院党组成员、副院长，三级高级法官，从事法院工作26年。

在维护公平正义这条道路上，司法警察队伍责任重大，使命光荣！

——沈璇敏

倪少华

男，32岁，上海市崇明区人民法院司法警察大队副大队长，从事司法警察工作9年。

当人民群众需要的时候，我们会毫不犹豫地挺身而出，以实际行动践行入警誓言。

——倪少华

对话[1]

电台节目合影

零下7度的极速营救

主持人：今天您又给我们带来了怎样惊心动魄的司法警察故事呢？

严剑漪：上海共有23家法院，今天给大家带来的故事来自其中一家。这个法院辖区面积1 400多平方公里，但是司法警察大队只有23个人。除了法院本部外，还有5个派出法庭，这是个什么概念？假设某个

---

[1] 电台访谈时间：2021年10月29日；图片摄影：张宏雷等。

派出法庭突然出现紧急情况，本部派车赶过去，开车就要一两个小时。大家想一想，这样一家法院，它怎么用最有效、最快速、最专业的手段解决突发问题呢？另外，法警工作还与协助执行相关，在一些涉及拆迁、搬迁的执行案件中，被执行人情绪一下子爆发，他（她）们要怎么处理？

主持人：倪队长，你有什么印象深刻的出警行动吗？

倪少华：有的。那是2018年的1月上旬，天气非常冷。在一起土地腾退的执行案件中，我跳河营救了一名被执行人。这位被执行人之前已经为案子多次来我们单位，情绪一直很激烈，扬言要实施极端行为。但那天很奇怪，他和我们聊完之后，非常平静。我当时就感觉有问题。果然，他和法官沟通好、签完字以后，立即就往旁边的一条沟渠冲了下去。沟渠离我们大概有30米的距离。见状，我也马上跟了上去，我的同事看到我冲下去，也跟了过来。

主持人：土地腾退执行案件，就是指被执行人没有法律依据占有土地，所以要强制腾退吗？

倪少华：对，他没有道理地占有了好多年，这块土地属于集体所有，因此申请人向法院申请强制执行。他在上面种了农作物，腾退就是把这些农作物处理掉，然后将土地原原本本、干干净净地交给申请人。

主持人：他之前情绪一直很激动，但要被执行的时候，反而变得平和了。这个变化依你的经验来看，有点反常？

倪少华：是的，我当时就感觉很不正常，所以一直盯着他。

主持人：你是怎么练成这种"嗅觉"的？

倪少华： 这也是我工作当中的一个直觉，他之前每次都很激动，这次反而像没事人一样，我就觉得非常不对劲，但要说他具体想干什么，我们其实并不清楚，基于直觉判断，我们前期做了预案。

主持人： 预案需要做哪些准备呢？

倪少华： 这次土地腾退到场的人很多，包括法院干警50多人、申请人及其工作人员50多人，被执行人家属也有50多人。为了防止发生冲突，我们提前做了预案，例如被执行人暴力抗法，或者他的家属妨碍执行，我们可以对他（她）们采取拘留、罚款等强制措施。

主持人： 沈院长，站在被执行人的角度，他辛苦种植的农作物要被全部拔除，内心肯定非常不舍。

沈璇敏： 被执行人应该是有这样的心情，但他现在种植的并非合法土地，法院是依法执行、依法履职，我们也要维护申请人的合法权益，通过执行的力量把土地重新腾退。

主持人： 倪队长，你当时是怎么协助执行的？

倪少华： 我记得那天好像是零下7度，天非常冷。我跟着被执行人跳下去以后，第一感觉就是腿抽筋，跟着他逐渐游到河中间，当水没过胸口，一阵窒息感随之而来，当时我内心其实是很恐惧的，这是人的本能。

主持人： 水有多深？

倪少华： 最深的地方是河中间，大概在1.8米—1.9米，我的身高是1.8米，一垫脚，头正好可以冒出来。当头冒出来以后，我的恐惧感就下降了，开始变得平静。

倪少华跳入河中营救被执行人

主持人：你的同事也跳下去了？

倪少华：被执行人跳河了，后面他要做什么是没办法预料的。人在这种情况下，力气往往很大，所以我们做预案时就明确，发生突发情况，离他最近的人，也就是我们几个人，要做好协同应急处置。有了人数优势以后会更加安全，这不仅是保证被执行人安全，而且也是保证我们自己的安全。

主持人：当时他有没有家属在现场，是什么反应？

倪少华：他的家属都被隔离在100米之外，看到被执行人跳河以后，就开始哭闹，企图往里冲。

主持人：这样一种情况，你们是什么感受？

倪少华：如果他（她）们冲进来，很有可能与现场工作人员起冲突，并对我们执法有妨碍。而且万一有家属也跳了下去，我们肯定也要保障他（她）们的安全，就从救一个变成了救几个，工作难度更大了，所以外围的同事们一直在努力维持秩序。

　　主持人：那天零下7度，你们应该都是穿着厚厚的冬衣，跳下去的一瞬间，来得及脱吗？

　　倪少华：来不及，当时情况太紧急了。

　　主持人：那名被执行人后来被救上来了吧？

　　倪少华：他游得很快，马上就游到对岸去了，这样就安全了，最起码不会有生命危险。他的游泳技能其实是比较强的。

倪少华确认被执行人平安后，从水中上了岸

　　主持人：你们当时有没有问他，为什么会这么做？

　　倪少华：一个星期后，他又来法院了，我就问他，你当时咋想的？他说不知道。我分析下来，可能是因为他当时没办法反抗，但又无法接受现实，脑子一下子没转过来，就往下冲了，按照现在流行的说法就是"成年男人的崩溃"。

主持人：那他有没有问你，队长你咋想的，咋也下去了呢？

倪少华：没有，他没认出我。因为他当时在前面游，知道有人跟着一起下去了，但不知道是谁。而作为司法警察，我们肯定不会见死不救。他到对岸以后，根据我们当初的预案，120救护车也在，岸边的执行人员就联系救护车，升到对岸送他去医院检查，检查下来，他的身体没有什么问题。

主持人：后来这个案子是不是也顺利执行了？

倪少华：把他送到医院检查以后，我也回家了。大概下午三四点钟，案件执行完毕，土地完整归还给了申请人。

主持人：沈院长，有网友好奇，在上海市崇明区人民法院办理的执行案件中，类似倪队长这样富有挑战的案件，每10件中会有几起？

沈璇敏：每10起执行案件中，像倪警官遇到的这种情况，应该不是很多。不过案件进入到执行环节，当事人一般都是非自愿的，多多少少有一些抗拒心理，因此在执行过程中容易发生各种突发情况，司法警察协助执行的职能就要发挥作用了。

主持人：协助执行的难点在哪里？

沈璇敏：被执行人的抗拒，也许肢体的动作不是很大，只是语言的辱骂，这也是抗法。像倪警官这种比较极端的情况，实践当中发生的概率比较小，但也是有的，例如涉及房地产拆迁，被执行人的情绪会特别激动，拿着汽油跑到房顶上威胁。这就要考验司法警察解决问题的智慧，当然也少不了专业的训练和前期的预案。

是非面前讲党性，困难面前讲能力，矛盾面前讲担当

主持人：暴力抗法的当事人，最后会受到法律的惩罚吗？

沈璇敏：会，如果超越了一定的限度，就会受到法律制裁。

主持人：倪队长，被执行人跳河，事后安然无恙，还要追究他的法律责任吗？

倪少华：如果被执行人在执行过程中抗拒执行、拒不配合，我们可以采取拘留15日、罚款等强制措施。在这个案子中，被执行人的行为其实就是抗拒执行，但是考虑到案子已经顺利执结，被执行人也冻得够呛，受了苦头，并且他快70岁了，年纪比较大，我们最终没有对他采取强制措施，只是进行了批评教育。

主持人：沈院长，这是不是也体现了一种"宽严相济"？

沈璇敏：这是法院一种人性化的办案方式，目的是通过这个事件教育当事人守法，以维护法律的权威和尊严。因为一份法律文书生效后，就应该按照文书的内容严格执行，不能越过这个界限。这起案件是一起民事纠纷，法官、法警在处理时，进行了人性化的处置。

主持人：倪队长，你在寒冷的冬天跳进河里，腿都抽筋了，从医学角度来说，是不是有生命危险？

倪少华：是的，我后来看一个新闻，说飞机失事掉进大海之后，很多人并不是被炸死，也不是被淹死，而是被冻死的。我当时也不知道河有多深就跳下去了，幸好河水不是很深，否则还是有危险的。

主持人： 沈院长，如果他不跳，回去会处罚他吗？

沈璇敏： 从生命安全的角度来说，我们不鼓励法警跳，在严寒的冬日跳下去，实际上会危及法警的生命安全，但是从工作职责的角度来说，不跳也许会有后果产生。其实对我们而言，心里也有挣扎，所以倪警官在碰到这种紧急情况时，第一反应就跳下去，是非常有职业水准、道德水准的。

主持人： 倪队长1989年出生，年龄并不大，但已经是上海市崇明区人民法院司法警察大队副大队长。沈院长，这个年龄就做到这个岗位，不多见吧？

沈璇敏： 不多，倪少华是全市基层法院中最年轻的法警大队副大队长。

主持人： 是不是和他的这一次表现有关，他经受住了考验？

沈璇敏： 也有考虑，但是我们也看倪少华同志平时的表现。越是艰苦或者困难的时候，倪少华越是冲在前面，这是大家公认的。我们考量一个中层岗位，重点是"是非面前讲党性，困难面前讲能力，矛盾面前讲担当"，这是我们选人用人的标准。倪少华同志30岁的时候担任法警大队副大队长也是众望所归。

主持人： 上海市崇明区人民法院也获过"全国优秀法院"的荣誉称号吧？

沈璇敏： 对。2020年，我们法院获得了"全国优秀法院"称号，我们非常珍惜这个荣誉。

你就是喜欢冲在前面

主持人： 倪队长，那个时候你还不到30岁，也是妈妈的宝贝。妈妈后来知道这事吗，有没有瞒着她？

倪少华：没有瞒着。我上岸以后，同事马上就把我送回家，当时手机都掉了。我借同事手机打给妈妈，告诉她，"我跳河了，赶紧给我开空调、放热水"。结果，到家楼下的时候，我妈已经拿着干衣服在下面等我了。

主持人：她是想让你先在车上换好衣服，再上楼泡热水。

倪少华：对，因为非常冷，我家在6楼，也没有电梯，楼梯走上去也是挺长一段路，那天的热水澡应该是我这辈子泡得最久的，泡了近两三个小时，皮肤都要泡白了。

倪少华与母亲

主持人：妈妈那天有没有流泪？埋怨你了吧？

倪少华：其实没有埋怨，她就跟我说："以后不要做这种傻事情，"但是她后来又说了一句，"其实你跳下去，我倒并不感觉意外，你就是喜欢冲在前面。"知子莫如母，她是了解我的。

主持人：特别的真实。作为妈妈，她肯定希望你不要这样做，但是她也知道，在这个岗位上你要冲在前头。

倪少华：对的，因为法院的司法警察也是人民警察，人民警察有自己的职责，当群众有危险的时候，我们责无旁贷。

主持人：做法警的人都特别胆大吗？

倪少华：我们是委托公安学校专业培养的，平时也有训练。其实不仅是我，后面的同事也都准备下去了。我们法院系统的司法警察，可以说，都是好样的。

主持人：沈院长，倪队长讲的这个案例，其实是暴力抗法了，对吗？

沈璇敏：对的，这既是对生命的不尊重，也是对法律尊严的挑战。

主持人：上海市崇明区人民法院对于司法警察队伍有什么要求？

沈璇敏：崇明岛的地形就像一个蚕宝宝，在其东南面还有两个岛，三岛合一，崇明区面积1400多平方公里。上海市崇明区法院下辖5个人民法庭，跨三岛，有23名法警。点多面广，警力相对是不足的。

与此同时，人民法庭直面的矛盾可能更激烈，安全保卫工作也非常重要。在这种情况下，2009年6月，上海市崇明区人民法院为每个法庭配备了一名法警，以维护法庭的秩序和安全。实际上，一名法警也是不够的，如果碰到突发矛盾，法警警力还是不足，就需要依靠公安警力协助我们做好安全保障。目前，上海市崇明区人民法院已经与崇明区公安局签订文件，建立了应急处突联动机制，例如中兴镇法庭出现了突发事件，可以与中兴镇派出所取得联系，使得公安及时赶到现场。通过这种联动，我们处置了不少突发事件。

主持人：沈院长，有网友问，上海市崇明区人民法院是根据辖区面积来配备法警，还是根据居民人数来配备法警的？

沈璇敏：一般而言，司法警察的人员配备占法院总编制的10%，例如我们有200个人，就有20个司法警察。

主持人：沈院长，用一句话来形容，您对法警工作有怎样的要求？倪队长，也是一句话，未来怎样更好地做好这份工作？

沈璇敏：司法警察职责光荣伟大，平凡当中透着不凡。

倪少华：我们还是要立足本职，服务好审判执行工作，全心全意为人民服务。

（何瑞鹏　陈雨丝　整理）

幕后心语

郭　燕

我这次采访，感觉就像乘坐时光穿梭机。因为我知道这个故事是一个月之前，倪队长讲的时候已经非常轻松了。他当时跟我们说，看到被执行人跳到河里，他马上也跳下去，结果被执行人游得比他还快。

我们现场听的时候都笑了，觉得那个场面一定非常有趣。

但是，等看了现场的一些视听资料，我们慢慢发现，这根本就不是一件有趣的事。我为大家分享两个场景：一是当时河里的状况，头发花白的被执行人拼命地在前面游，法警们紧紧地跟在后面，水面上除了他们划动引起的水纹，其他什么都没有。那是一种非常安静，但你又会觉得非常紧张的一种状态。二是倪队长从水里上来的时候，后面的芦苇是飘着的，风很大。倪队长浑身湿透，嘴唇冻得通红，拳头握得很紧，非常冷，也非常难过。

我们常常认为，司法警察出现在执行场景里，一定是为了防止被执行人暴力抗法，他（她）们之间是一种对立状态。但是当被执行人出现危险时，法警们奋不顾身跳下去救他（她）们，我觉得这就是司法警察的一种职业精神，也是他（她）们对生命的一种尊重。

网友留言

@老听众5931：生死营救，有法可"医"。

@16909822：家中有父母，但心中有责任，为崇明区法院点赞！

报道精选

惊险一刻！20分钟的"生死营救"[1]

文/肖梓雯

定风波，解民忧，这是法院的重要职责之一；确保人民群众的生命安全，这是司法警察的重要职责之一。

那么，在司法警察协助执行的过程中，又会出现哪些无法预见的危险？需要司法警察做出哪些迅速反应？

20分钟的"生死营救"

对于司法警察而言，在协助执行的工作中，不仅需要对预案谙熟于胸，积极配合执行法官完成任务，而且还需要在突发情况发生时具备迅速处置的能力。面对被执行人时，司法警察需要一双锐利的"鹰眼"，洞察一切变化。

在一次重大执行活动中，上海市崇明区人民法院的执行法官和司法警察前往一块被强占的土地进行腾退执行。在执行现场，考虑到年逾六旬的被执行人此前有过情绪波动，执行法官特意和被执行人进行了半个小时的谈心。谈话结束后，被执行人从车内走了下来，情绪似乎平静了很多。正当大家都以为执行可以平稳进行时，突然，被执行人以百米冲刺的速度在堤岸上奔跑起来，并向着下方河道直冲而去，猛地一头扎进了河里！

---

[1]　肖梓雯：《惊险一刻！20分钟的"生死营救"》，上海市高级人民法院微信公众号"浦江天平"，2021年11月1日。

在场的人都懵了，倪少华也愣了一秒，但他很快反应过来，并一路追赶过去，以最快的速度跟着跳进了河里，连身上的警服、装备都忘记脱下。人命关天！倪少华的脑子里只有这句话。

正值寒冬，不知水位深浅、水底情况的倪少华刚一接触河水，刺骨的寒冷就令他打了个哆嗦，更要命的是，浑浊的河水让他有些过敏，腿因为低温有些抽筋，厚重的冬装也因为灌满了水不停地拽着他往下沉。当河水没到胸口时，窒息感朝倪少华袭来，他赶紧试着用脚探了探河底，还好，刚好够着，他心里一下子有了底，于是继续奋力往前游。

"不能让他出事！"倪少华眼睛紧盯着前方的被执行人。

看到倪少华跳进水里，距离较远的警队同事、倪少华的师弟蒋敏浩也反应了过来，他当即迅速跟着倪少华往坡下跑去，由于坡度较高，心急如焚的蒋敏浩还摔了一跤，浑身沾满了泥巴。等他来到河边，倪少华已经游了一段距离，蒋敏浩来不及多想，也穿着一身警服跳进了河里。

当倪少华等人游到河中央时，却发现被执行人已经上了岸。看到被执行人没有生命危险，倪少华和其他人决定掉头游回岸边。与此同时，岸上的执行法官已经联系好120急救中心，急救人员到达后迅速将被执行人送往医院。

"美德瀛洲 身边好人"的责任担当

在大家的帮助下，倪少华等人艰难地上了岸，零下七度的天气里，浑身湿透的他嘴唇已经发紫，同事们将车里的暖气开足，并以最快速度送他回家。

由于救人心切，倪少华新买的手机掉进了河里，在车上，他借用同事的手机给母亲拨了一通电话："妈，快帮我放热水，我跳河了。"

很快，车子开到了家。倪少华正准备下车，却发现母亲已经拿着干衣服在楼下等着，母亲心疼的泪水在眼眶里直打转。"我后来想想，也不是很意外，你的性格就是这样，凡事都喜欢冲在最前面。"事后，母亲对倪少华说。

"他是被执行人，也是一名老百姓。他抗拒执行，自有法律去制裁，但当他生命受到威胁时，我们要拼尽全力去救。"虽然泡了好几个小时的热水澡才缓过神来，但倪少华不后悔，如果有下一次，自己还是会跳下去。

之后，上海市崇明区人民法院对倪少华和蒋敏浩两名同志通报表扬，号召全院干警向他们学习。因为在协助执行时忠于职守、敢于担当、冲锋在前，倪少华还被评选为崇明区"美德瀛洲　身边好人"。2019年，上海市崇明区人民法院司法警察大队队领导调整，由于从警以来成绩突出、勤勉敬业，加上在突发事件中体现出的责任担当，倪少华被提任为副大队长。

倪少华被评选为崇明区"美德瀛洲　身边好人"

"是非面前讲党性，困难面前讲能力，矛盾面前讲担当，这是我们选拔干部的标准之一"，上海市崇明区人民法院副院长沈璇敏如是说。

打造"拉得出、打得响"的队伍

截至目前，崇明区下辖崇明岛、长兴岛、横沙岛三个岛屿，总面积达1413平方公里，地域非常广阔。而上海市崇明区人民法院除了本部外，还有5个人民法庭，每个人民法庭都需要法警驻庭保障，司法警察大队仅有23人，这给警务工作的开展增加了不少难度。

沈璇敏介绍，为了解决这一难题，早在2009年8月，上海市崇明区人民法院就在当时的每个人民法庭派驻法警，成为全市法院中首个在人民法庭派驻法警的法院。与此同时，该院还与区公安局签订应急处突合作协议，形成联动机制，合力化解发生的各种突发事件。

为了提升警队战斗力，上海市崇明区人民法院还定期开展实战化练兵活动，在院本部和各人民法庭开展应急处突演练、消防灭火演练，组织法警参加规范执法行为、车辆安全教育等培训及相应知识竞赛等，提高法警规范执法、履职服务的能力和水平。

上海市崇明区人民法院司法警察大队在训练

"不久前，上海崇明法院新的审判业务大楼开始启用，为加强安全保障工作，司法警察大队同物业、安保公司联合开展了一次应急处突演练，围绕当事人持械强闯、哄闹法庭等情形进行了实地操练和要点讲评，"沈璇敏说，"针对新审判业务大楼启动，法院还制定了《应急处突30问》，对于可能发生的突发事件，提前做好预案。"

上海市崇明区人民法院司法警察不畏艰难、冲锋在前、保障群众安全的例子还不止这些。

2021年疫情防控期间，上海市崇明区人民法院司法警察大队有20余人积极报名志愿者，3名同志参加G40崇启道口和长横渡口志愿者，8名同志投身社区疫情防控工作，2名女同志不辞辛苦，先后在虹桥机场及浦东机场的出入境第一线工作，从事入境登记、甄别及接送工作。此外，司法警察大队执行中队中队长杨佳恒还在工作之余，经常去金桥村看望村里的孤寡老人，为他（她）们理发，帮他（她）们打扫，和他（她）们闲话家常，被村民们亲切地称为"热心小杨"。

"司法警察职责光荣伟大，平凡当中透着不凡。"沈璇敏感慨。

"我们还是要立足本职，服务好审判执行工作，全心全意为人民服务。"谈及未来时，倪少华说。

荣誉清单

倪少华

2017 年上海法院系统个人嘉奖

2018 年上海法院系统个人嘉奖

2018 年区级机关个人嘉奖

2019 年上海法院系统个人三等功

2020 年上海法院系统个人三等功

2021 年区级机关个人嘉奖

肆

那"医"瞬间

你站在桥上看风景

看风景人在楼上看你

明月装饰了你的窗子

你装饰了别人的梦

——卞之琳

陈 昌

男,52岁,上海市松江区人民法院党组书记、院长(上海市第一中级人民法院原党组成员、政治部原主任),从事法院工作29年。

司法警察忠于职守、甘于奉献、认真履职,为人民法院有效履行职能做出了重要贡献。

——陈 昌

孙海凤

女,41岁,上海市第一中级人民法院司法警察,从事司法警察工作15年。

司法警察,心中有信仰,奋斗有力量。

——孙海凤

对 话[1]

电台节目合影

警徽下的医护仁心

主持人： 严科长，今天要给我们带来怎样的故事？

严剑漪： 我们之前讲了三期男法警的故事，他们做了很多安检、突发事件处置、协助执行工作，非常辛苦。那有人就问我了，你们有女法警吗？当然有啊，法院当中也有很多优秀的女法警，巾帼不让须眉。今天这一期节目，我们就挑选了一位非常优秀的女法警作为嘉宾，

---

[1] 电台访谈时间：2021年11月12日；图片摄影：龚史伟等。

她工作量很大，但她不仅很好地完成了这些工作，而且还发挥了专业方面的优势。而这个专业优势，曾经让她救过一个人的生命。

主持人：孙警官，听说您曾经救过一位女大学生，这是什么情况？

孙海凤：当时我们警队刚好到东华大学去训练，在训练结束后的返程途中，我发现校园的道路上躺着一个女孩。因为刚好是暑假，行人特别少，没有人发现她。我特别着急，就冲了过去。

主持人：您的眼神给我一种鹰的感觉，这是和您的经历有关吗？

孙海凤：我是从部队转业到法院的，原来学医，所以遇到这个情况就过去了，想去救她。当时那个女孩躺在地上，没有什么知觉，我就大声地呼唤她，她的眼睛微微地睁开了。她浑身出汗，脸色苍白，

孙海凤救护晕倒的女大学生

手脚也是冰凉的。看到她这个状况，再联系自己曾经的经历，我判断她可能是中暑，当时是暑假，天特别热。

主持人：与贫血有关吗？

孙海凤：也可能是低血糖导致的晕倒。因为我在医院工作过，再加上自己的经历，这种情况其实不难处置。我喊她，她是有知觉的。我的队友帮忙找来了矿泉水，我就喂她喝，喝了以后，她神智逐渐清醒了。

主持人：从医学的角度来说，女孩当时有没有生命危险？

孙海凤：很难讲，因为我不知道她有没有其他基础病。从年龄来看，如果只是简单的晕倒，过几分钟她自己会缓过来。

主持人：您做法警的时候，经常要发挥这些能力吗？

孙海凤：对，我感觉法警工作跟我原来学医还是有很大联系的，有很多共通之处。

主持人：您从事法警工作多少年了？

孙海凤：15年了。其实我一开始对法警工作也很陌生，从部队转业进法院，不知道法警是做什么的，但是真正进了这个部门，干了这个工作以后，发现还是大有学问的。看上去好像很简单、很机械，但其实并不是，它需要你有敏锐的观察力、应变能力，还要有良好的心理素质。

主持人：能不能分享一件让您印象比较深刻的事？

孙海凤：这事跟我的医学背景有关。有一次，我们去青浦区看守所提押被告人到法院开庭，这是一名女被告人。因为路途比较遥远，我们提押的时候询问了她有没有基础病，但她没有如实回答。谁知，在去法院的路上，她突然全身僵直、脸色惨白、手抽筋得像鸡爪一样，非常吓人，同行的年轻法警没有学医经历，很着急。其实像她这样的情况，可能是好久不坐车，晕车了，也可能是紧张引起的抽搐，还有可能是癫痫的局部发作。

主持人：您是怎么应对的？

孙海凤：因为学过医，我基本知道这种情况该如何处理。首先，要安抚她的情绪，让她冷静下来。然后给她按摩，让她放松。我们路上一直给她放松。

主持人：您给她按摩了多长时间？

孙海凤：差不多40分钟，因为路途比较远。旁边跟她一同羁押的被告人也帮忙，我们俩一起，就站在囚笼的门口。我按摩她的手，另一个被告人按摩她的腿，就这样让她放松下来。后来，快到法院的时候，这名女被告人已经恢复正常了。

主持人：她情绪有变化吗？

孙海凤：我们刚去提押的时候，她话不多，对我们好像没什么感情，似乎还有点敌意，觉得我们是去把她带过来开庭的。后来，经过这样的处置，把她带到羁押室以后，她对我特别感谢，我自己也挺开心的。在庭审的时候，我们跟她说，态度要好，法官问什么你就答什么，她平复了情绪，就正常地接受审判了。后来，还押的过程中没有发生什么事情，她也不像来的时候那么紧张了。

主持人：陈昌主任，上海市第一中级人民法院在挑选法警时有什么标准？像这样有医学特长的会优先考虑吗？

陈昌：人民法院的司法警察肩负着保卫机关安全、保障审判执行有序开展的重要职责。社会大众可能更多地以为，司法警察需要警务专业的技能和体能，但其实除了这两项能力以外，他（她）们还需要具备一定医学方面的技能，包括心理疏导的技能等，这是非常重要的。通过孙警官刚才讲述的故事，我们就能够感受到医学技能的重要性。

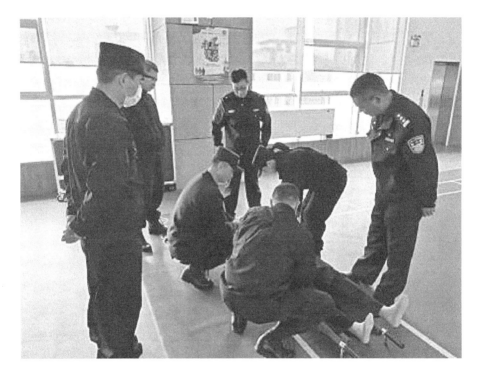

上海市第一中级人民法院开展应急救护技能训练

因为在日常的警务安全保障工作中，司法警察经常会碰到一些突发事件，突发事件有多方面原因，例如法院特别是我们进行审判活动的法庭，整个氛围非常严肃，跟大部分人平常的工作、生活环境有明显区别，所以到这个特定的场所以后，有些当事人包括刑事案件的被告人，心理上可能会产生比较大的波动，由此引发一些身体上的反应。

假如他（她）有一些基础疾病，例如高血压、心脏病、癫痫病等，就会在环境因素的刺激下，引发一些身体的不适。在这种情况下，如果一个法警只具备警务专业技能和体能，没有一定医学方面的背景，他（她）就会感到手足无措。手足无措会带来怎样的后果呢？当事人如果确实身体不适，可能会延误救助。当事人如果为了特定目的而装病，未被及时识别出来，会影响审判的效率。一个合格的司法警察，对他（她）的工作要求是全方位的。

主持人：所以在选人的时候，要有像孙警官这样的人才在？

陈昌：对的。其实我们每年在制定招录计划，特别是司法警察招录计划的时候，都有这方面的考虑。除了前面我说的，也和司法警察在法院中所担负的职能有关。一方面，中级人民法院的司法警察肩负着一些特殊职能，决定了他（她）要有一定的专业医学背景。另一方面，在我们的日常工作中，也会经常碰到一些突发事件，要求我们在这方面有专业的人才储备，这是保障法院审判执行工作顺利开展的一个必然要求。

主持人：陈主任，能给我们讲一个这样的故事吗？

陈昌：好，我给大家讲的这个故事，就证明了司法警察专业技能复合性的必要性。前段时间，上海市第一中级人民法院法警支队配合执行局执行一起案件，具体是要腾退一套房子。在腾退过程当中，被执行人为了抗拒法院执行，撺掇一位老太太到房子里撒泼装病。这时候，我们如何识别老太太是真的病了，还是在装病？假如法警没有一定的专业医学技能，只凭借一个普通人的眼光来判断，还是比较困难的。

主持人：陈主任，你们对于真病假病如何反应和处置，有差别吗？

陈昌： 差别太大了。假如真的生病了，我们肯定暂停执行相关工作，因为首先要以"生命至上"为原则，对相关当事人进行救助。我们那天去执行的时候，正好有一个法警具备这方面的专业技能。这名法警结合原来从事相关工作的经验，以及现场这位老太太的一些举动，还有这起执行案件的整体情况，综合判断，认为老太太是受当事人的撺掇，为了抗拒法院腾退房屋而人为装病。在这种情况之下，基于这样一个清晰的、理性的判断，司法警察跟我们执行人员一起有针对性地对老太太做工作，同时采取一些必要措施，最终劝离了老太太，让案件得以顺利执行。

严之于法　济之于情

主持人： 孙警官，您有过类似需要做出判断的经历吗？

孙海凤： 有的，主持人。除了前几期节目中介绍的安检工作、协助执行工作，我们法警还有一项重要工作，就是保障刑事审判平稳、有序开展。保障刑事审判有一个前置过程，就是去提押被告人。在提押被告人的时候，会遇到装病的。被告人为什么装病呢？他（她）会问同监房的人，你判多少年，他（她）判多少年，可能想预判判决结果，有了不满情绪就故意要捣乱。在这种情况下，我们就要冷静，不能跟他（她）交谈案情，按照规定，这是不允许的。如果我们跟他（她）交谈案情，他（她）就有可能从我们口中抓到漏洞。我们既要保证公正审判，也要保护自己。

主持人： 他（她）会怎样捣乱？

孙海凤： 他（她）会说自己这里不舒服，那里不舒服。这时候，我们首先要观察，然后与他（她）沟通，以此判断他（她）到底是真生病还是假生病。例如年纪大一点的，我会问他（她），有没有高血压，有没有心脏病，平时会不会晕车。他（她）如果回答有，我们就正常按程序走下去，提醒他（她）把药带上，或者直接问他（她）药吃了没有。

主持人：这能以他（她）说的为准吗？

孙海凤：他（她）到这种时候，一般会对自己负责的。如果他（她）有毛病，需要天天吃药，也要随身带药。药必须交给我们保管，他（她）自己不能保管，所以通常不会作假。我们去提押的时候，经常一次性提两个被告人，其中一个人说自己有高血压、心脏病后，我会问旁边另一个，你有高血压、心脏病吗？如果他（她）说我也有的，我就会继续问那你吃药吗？有时他（她）会说我不吃药的。大家都知道，如果真的有心脏病或高血压，是不可能不吃药的，不吃药没办法控制病情。在这种情况下，他（她）就是看别人怎么样自己也怎么样。然后，在车上的时候，他（她）会说自己头晕、心慌，但是你摸他（她）脉搏，看他（她）的状态，从跟他（她）的沟通当中就可以判断真假。

主持人：那你们一般怎么办，陪着他（她）说话吗？

孙海凤：不仅不能说话，而且还要制止他（她）。我们工作的规则之一就是不可以交流。

主持人：他（她）会因为您是一位女同志，而想欺负您、挑衅您吗？

孙海凤：绝大部分不会，因为我们也是正常执法，按照正常的程序，用专业的语言跟他（她）沟通，不会给他（她）心理上造成不适。他（她）一般只会在觉得审判不公、对结果不满或者就是想找你麻烦时才装病。如果他（她）坦白从宽，是会配合你的。其实人都是相互的，他（她）也能感受到我们的真心。

主持人：对于女法警来说，您认为最大的挑战是什么？

孙海凤：可能就是遇到特别高大强壮的女被告人。因为我们主要负责押解女被告人，如果她突然晕倒，我们拉都拉不住。我刚入警的时候，很瘦，才90多斤。有一次去开庭，女被告人身高1米75左右，特别胖。她突然在法庭里晕倒了，我拉不住她，而且差点被她压倒。当时旁听席有男法警值班，队长也在，他们协助我一起把女被告人带到了门外。然后，他们还开玩笑说，晕倒的女被告人要抵我两个。

主持人：在做法警的15年中，有没有哪一刻您把自己给感动了？您在工作岗位上哭过吗？

孙海凤：有很多那样的时刻。我在工作岗位上好像没有哭过，不太记得了。有时候，从情理的角度来看，一些被告人确实也挺可怜的，长期被关在看守所里，和家人没办法见面。我们把她押解去法庭，开庭的时候，她会偷偷跟我说想看一眼家人。按规定这是不允许的，但我也能感同身受，在规则以内我能做的就是告诉她，我等一下带你进去开庭，你在走进去的时候，可以向后看一眼家人。如果已经开庭了，是不可以回头的，所以只有这个时候，或者庭审结束后，法官宣布将被告人带离法庭的时候，她才有机会回头看。她们会提要求，说想和家人见面，希望我们传话给法官，但这是违规的，我们肯定不会这样做。所以就用这种方式，告诉她进去的时候，可以走慢点，看一眼家里人。这样的事情发生过好几次，她们出来以后都非常感谢我们，把她们送到羁押室的时候，也会再说一遍谢谢。

去听，去理解，去感同身受

主持人：陈主任，孙警官这样的处理方式，作为政治部主任，您知道以后，是会批评她们，还是会为她们点赞呢？

陈昌：刚才孙警官讲述了她的故事，在这点点滴滴中，我感受到了一名优秀女法警身上的很多闪光点。在这些特殊的场景下，女性所特有的细腻和温柔，是男性没有办法代替或者比拟的。

主持人：陈主任，上海市第一中级人民法院训练法警时，主要注重哪些方面？

陈昌：我们还是回到法警应该具有的综合能力来看。司法警察队伍是一支准军事化管理的队伍，习近平总书记对人民警察提出了十六字的要求——"对党忠诚、服务人民、执法公正、纪律严明，"这也是我们要一以贯之做好的。法警综合能力的培养和提升主要包括以下几个方面：第一，我想也是最重要的，就是坚定的政治信念，要站稳政

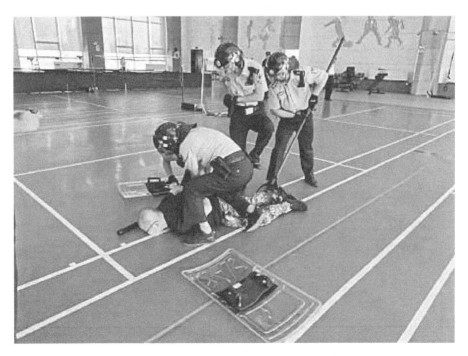

上海市第一中级人民法院司法警察支队开展实战化练兵

治立场；第二，可能是广大听众朋友能直观感受到的，专业的警务技能以及专业的体能要求；第三，作为一个优秀的司法警察，他（她）的专业能力需要是复合型的，包括孙海凤警官刚刚讲到的医学。

主持人：孙警官，网友形容，通过画面看到您，觉得您很威猛，能说一个这样的经历吗？

孙海凤：实际上，我们的工作还是比较雷同的，都是一些琐碎的事情。我们还从事安检工作，安检岗位上一定要有我们女同志在。安检的时候能遇到各色各样的人，例如大吵大闹的，特别是现在疫情防控期间，管理会更加严格。在这样严格的情况下，来访人员不配合你，例如意图哄闹法庭，想要冲进来，但是没有旁听证或者开庭证明。这种时候，我们不仅要严厉地制止他（她），而且还要跟他（她）沟通，因为他（她）非要进来，强行制止是无法控制他（她）情绪的，所以首先要静下来，听他（她）讲自己的故事。然后你可以感同身受，理解他（她），当你理解他（她）的时候，他（她）那些不满的情绪自然会慢慢消解。其实，我感觉这可能就是女性的特点，更能够去理解他（她）。

主持人：做法警工作14年来，您觉得成就感源自哪里？

孙海凤：首先，我觉得无论你做哪份工作，都要用心地去做，至少要对得起自己，给自己一个标准。这份工作挺能带给我荣誉感的，你可以帮助别人，然后别人也会尊重你，其实这就是人与人之间的互相尊重，这方面能给我内心的满足感。还有我以前学过医，在现在的岗位上，同事们都挺信赖我的，有医学方面的问题也会来咨询我，他（她）们的体检报告我也可以帮忙分析一下。还有小孩生病了，我也会以自己的经验告诉他（她）们怎么做。我感觉，如果懂一点医学的话，在自己或他人遇到情况时，都可以从容面对。

主持人：陈主任，对于这样一支优秀的队伍，从管理者的角度来看，如何要求和培训他（她）们呢？

陈昌：我想从两个方面和大家聊一聊。一方面，我们是从司法警察队伍技能方面来培训提升的。最高人民法院和上海市高级人民法院有专门针对司法警察的系统课程，既有警务专业的，也有体能测试的，还包括一些应急处突和应急救助的，全覆盖了。

在这个基础上，上海市第一中级人民法院除了抓好最高人民法院、上海市高级人民法院规定的一些培训项目，包括一些实战化训练项目以外，还在司法警察技能培训上做了很多自选动作，例如这周六，我们法警支队利用双休日开展了整个警队的体能实战化训练。为什么选择双休日呢？司法警察最主要的职能就是配合审判执行工作，在工作日，他（她）们是很繁忙的，不太可能拿出整段时间组织这么多人进行集中训练，所以我们很多训练都安排在双休日。

另一方面，从全院培训的角度来说，我们针对司法警察的特殊技能要求做了一些特殊的安排。上海市第一中级人民法院有一个品牌，叫"博雅小课堂"，专门邀请一些在某领域比较专业的技术人才到院里开讲座。针对司法警察，前面讲到的，有一些医学救助方面的要求，为此，法院帮他们开设了一些应急处突的业务培训，类似于心脏按压、人工呼吸等。

除了专业技能的提升，在这个优秀团队中，还有一些优秀的代表，包括坐在我身边的孙警官，如何让他（她）们身上的闪光点被更多人看到，激发更多人向他（她）们学习，这一直是法院特别是我们政治部需要考虑的问题。上海市第一中级人民法院经常会开展类似于"点赞身边人""点赞身边典型"这样的活动，包括孙海凤在内的众多优秀先进典型经常会出现在"点赞"平台上。我们也是希望，在肯定他（她）们工作成绩的同时，让这些先进典型能够引领更多的人，把整个法警支队乃至整个法院的爱岗、敬业、建功、奉献精神，不断地发扬光大，将法院的各项工作做得更好、更出彩。

（詹志山　整理）

幕后心语

郭　燕

　　今天，孙警官作为女法警的代表坐在这里，给我们分享司法警察的故事，但其实孙警官很小的时候，是一个很淘气、很喜欢自由、根本就坐不住的女孩，跟她现在的样子完全不一样。孙警官在部队大院长大，大院里有很多男兵，她小时候就经常跟着这些男兵去爬树、荡秋千。后来，孙警官做了女护师，又到法院做了女法警。不管是救护病患，还是保障刑事庭审，都是非常需要责任心的职业，她也都做得很好。

　　在这个过程中，她放弃了小女孩喜爱自由的天性了吗？采访的时候，孙警官一直强调，她还是喜欢小时候那种自由的感觉。那她没有做好女法警这份工作吗？也不是的，很多人都对她报以肯定。因此，这次采访给我最大的感受就是如何从一个小女孩蜕变成一名女法警，如何在保持自己小时候天性的基础上又能做好现在的这份职业，我觉得孙警官做了很好的示范。

网友留言

> @听友9213：看图片上两位司法工作者的表情，很有亲和力。这种亲和力从哪里来？职业尽管可能锻炼出一个人外在的技能，而只有信仰，才能与人民群众形成血与肉的长城。
>
> ....
>
> @开心如意88：女法警英姿飒爽，致敬女警花们！

报道精选

紧急救护！就在"医"瞬间[1]

文/廖丽君　倪璐窈

安全检查、维持秩序是法警的日常工作。为了保障审判工作顺利进行，他（她）们还有一个特殊的技能——应急救护。

当押解的被告人突发疾病，如何保障他（她）的生命安全？脱下白大褂，穿上蓝警服的法警如何守护法院？怎样打造专业化、正规化、职业化司法警察队伍？

紧急救护！就在一瞬间

八月里的一天上午，艳阳高照，在东华大学的操场，上海市第一中

---

[1] 廖丽君、倪璐窈：《紧急救护！就在"医"瞬间》，上海市高级人民法院微信公众号"浦江天平"，2021年11月15日。

上海市第一中级人民法院司法警察支队开展训练

级人民法院司法警察支队进行体能训练。

司法警察职业需要法警有过硬的身体素质，但由于法院场地有限，上海市第一中级人民法院司法警察支队会借用学校的操场开展集中强化体能训练。

跑步、擒敌拳、徒手防卫与控制……练完，所有人都满头大汗。

乘车离开校园的路上，坐在副驾驶的孙海凤发现，一个女孩躺在道路前方。汽车立刻停下，所有人下车迅速冲向女孩。

当时四下无人，女孩双目紧闭，脸色苍白，浑身虚汗，孙海凤见状立刻蹲下，试图叫醒她。

见女孩没有反应，孙海凤既忧且急，心如擂鼓，若女孩是因为突发疾病晕倒，不能及时救治的话，后果将不堪设想。

她摸了摸女孩的手，冰凉，却汗珠密布，又摸了摸女孩的颈动脉，观察女孩呼吸，好在脉搏和呼吸都正常。孙海凤大声呼唤，再次试图叫醒女孩，不一会儿，女孩眼睛微微睁开，嘴唇微微颤动，想要应答却没力气。她松了一口气，初步判断是高温中暑或血糖偏低引起的晕厥。

同行的法警们找来了矿泉水，孙海凤抱起女孩，一点一点地喂她喝进去。几分钟后，女孩缓过气来，又过了一会儿，神志逐渐清醒。出于安全考虑，孙海凤简单询问了一些基本情况，确认女孩情况稳定、安全无虞后，才与队友合力将她小心翼翼地转移到树荫下。

在孙海凤和女孩沟通期间，其他队员已经找到了留校老师和同学，孙海凤向他们仔细叮嘱了一些注意事项，把女孩交给了老师。

"今天遇到法院警察，运气真好！"老师和同学们庆幸地说。

孙海凤毕业于天津武警医学院护理系，后在上海市武警总队医院手术室工作，2007年转业到上海市第一中级人民法院。

在部队的日子，她每天全副武装，穿着绿色"战袍"工作10多个

孙海凤在部队

小时，没有固定的下班时间，手机24小时开机，遇到突发情况随叫随到，像一个不停旋转的陀螺。

"手术无影灯下，是和死神做斗争，同时间争分秒的战场，"孙海凤说，"我们必须具备扎实的专业基础，熟练的操作技能，极强的观察力和应变能力，还要有良好的心理素质和沟通能力。"

部队每天早上开晨会，交流当天的手术，提问业务问题。高强度的知识积累，及时发现问题、处理问题的工作历练，让孙海凤具备了敏锐的观察力、快速的应变力，掌握了过硬的业务技能，在工作中雷厉风行、准确施救，为患者赢得最佳抢救时间。

通过视频直播观看的网友"山不高水也深"留言道："女法警，鹰一样的目光……细致勇猛、威武霸气！"

装病？一眼识破真相

在警务工作中，观察力、应变力，以及应急救护、心理疏导等专业能力也是必备的基本素质。

例如，开庭前需要提押被告人，这是司法警察一项非常重要的工作。提押前，法警会和相关看守所沟通，提前了解被告人的身体、情绪等基本情况，遇到有慢性病的被告人会提醒他（她）们当天一定把必须吃的药带齐，交给法警保管。提押过程中，时常会遇到被告人因长期关押突然坐车而晕车，或者被告人因过分担心审判结果而紧张、情绪不稳定等情况。

这项看似机械、普通，似乎没有技术含量的工作，需要法警时时留心，处变不惊。

医学专业背景让孙海凤能够正确、有效处置紧急情况，保证警务工作顺利完成。有时候，被告人可能是"没病装病"。这时，孙海凤具备的专业医学知识如同手电筒，能迅速"照明"，判断被告人的真实身体状况，从而正确处置。

陈昌提到，基于中级人民法院所担负的一些特殊职能，法院在司法警察招录计划中会有一些特殊考虑。像孙海凤这样有医护专业技能的转业军人，正是司法警察支队所需要的。

当前上海市第一中级人民法院司法警察支队共6名女法警，其中3名是从医学专业学院毕业的。法警在履职过程中，有时会遇到被告人在法庭上身体不适，这个时候，就要第一时间判明被告人身体不适是因为精神紧张，或是突发疾病，还是没病装病？以便采取相应的措施，保障审判工作顺利开展。警队配合执行局强制腾退房屋时，也曾遇到当事人装病撒泼，倒地不起，妨碍执行，法警也需要通过专业判断识破真相，妥善处置，确保执行工作的顺利进行。

模范警队是这样炼成的

近年来，随着司法警察能力建设的深入推进，法警队伍对复合型人才的需求越来越高。

司法警察队伍，是一支准军事化管理的队伍。一名优秀的司法警察不仅要具备坚定的政治信念、专业的警务技能、过硬的身体素质，而且还需要具备应急救护、心理疏导等方面的综合能力。

目前，上海市第一中级人民法院正通过多种渠道吸收和培养一专多能的复合型人才。对于法警综合素养的提升，陈昌也分享了一些上海市第一中级人民法院的培养模式：

- 最高人民法院和上海市高级人民法院针对司法警察应急训练方面有比较系统的规范和要求。上海市第一中级人民法院司法警察支队在完成统一培训课程的同时，还推出了一系列"自选动作"，例如利用双休日进行实战化训练，避免影响工作日的安全保障工作。
- 开展突发疾病、自伤自残等应急处置演练，通过"博雅小课堂"，

**上海市第一中级人民法院法警支队
获评"模范警队"称号**

邀请急救中心的老师教授胸外心脏按压、人工呼吸等基本急救知识。

● 开展"点赞身边典型"活动，让优秀的榜样引领更多人，为民服好务、做好事。

至今，上海市第一中级人民法院法警队已经培养了一批又一批一专多能的复合型人才，促进了司法警察队伍专业化、正规化、职业化建设，并获评2019年度上海法院"模范警队"。

医警逆行撑起一片蓝天

2002年，SARS暴发，还是学生兵的孙海凤签了"生死状"，作为预备梯队，随时准备出征。

2020年，新冠疫情暴发，已经是法警的孙海凤在上海市第一中级人民法院安全保障一线，撑起疫情防控的"防护伞"。

从护师到法警，医学知识和警务技能的精进，让孙海凤身上制服的重量不断加码，令她深知这份责任的厚重力量。

当年，有同学倒在了抗击非典的第一线，毕业时，因为疫情原因，大家原地解散，自行去各省市工作单位报到，没有留下一张毕业集体照。

如今，孙海凤与司法警察支队的所有警员一起，站在了保障法院安全的第一线。她从心里感受到，警察和医护工作者有很多共同之处，在有难的时候，这身衣服就是逆行人群的盔甲。

不管是白大褂还是蓝警服，这身制服就是"安全感"的代名词，就是守护健康、筑牢安全的底线。

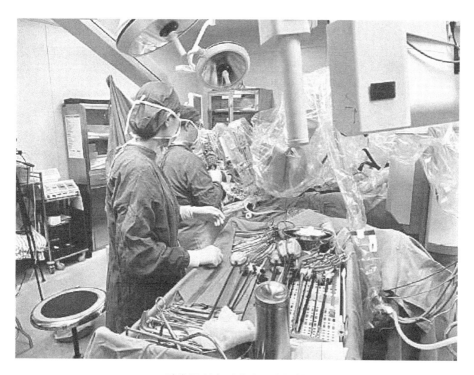

孙海凤所在手术室工作场景

荣誉清单

孙海凤

2010年上海法院系统个人嘉奖

2014年上海法院系统个人嘉奖

2016年上海法院系统个人嘉奖

2018年上海法院系统个人三等功

2020年市级机关个人嘉奖

伍

当你老了

你苍白的指尖理着我的双鬓
我禁不住像儿时一样
紧紧拉住你的衣襟

————舒婷

顾 骏

男,31岁,上海市静安区人民法院司法警察,从事司法警察工作6年。

法警工作需要十年如一日的谨慎和热情、细致与信仰才能在这漫长的工作时间内做到始终如一。

——顾 骏

吴宗亮

男,30岁,上海市徐汇区人民法院司法警察,从事司法警察工作6年。

我觉得做好法警工作,一定要"文武双全",在"硬件"和"软件"上都要过硬。"硬件"指要有良好的体能、娴熟的技能和应对突发事件的实战能力。"软件"指要有坚定不移的政治信念、司法为民的服务意识和不忘初心的责任担当。

——吴宗亮

对 话[1]

电台节目合影

没法把她当成来闹事的当事人

主持人：严科长，今天又给我们带来怎样的司法警察故事？

严剑漪：下周是上海法院涉老审判30周年。很多人说到如何处理老人纠纷时首先想到的是法官，但实际上有很多老人进入法院之后，第一个碰到的是我们的法警。今天，我们挑选了两位非常优秀的法警来到演播室，聊一聊他们是怎么处理老人情绪的。

---

[1] 电台访谈时间：2021年11月19日；图片摄影：刘宁、马超、张超等。

主持人：顾骏警官，我知道，你跟一位老奶奶之间发生了一个非常紧张但也非常感人的故事，这是怎么回事呢？

顾骏：是的，现在想起来仍然令人印象深刻。那一天，我在岗位上，突然听到对讲机传来需要增援的指令，立刻就赶了过去，看到有一位老太太躺在长椅上，上半身不停扭动，嘴里还在大声叫嚷。我们的政委正在耐心劝导她，但她的情绪还是很激动。我悄悄向旁边的同事询问，到底发生了什么事。原来，这位80多岁的老太太下半身瘫痪，她的儿子前一天在法院被公安带走了，她觉得是法院把她儿子弄没了，希望通过吵闹的方式，让我们把儿子还给她。

她的儿子是因为贩卖含有上瘾成分的药物，经过公安机关补充侦查，不再适用取保候审，变更强制措施之后被逮捕的。当时，我们安抚老太太的情绪，慢慢跟她交流，向她普及一些法律知识，试图通过劝导的方式，让她慢慢冷静下来，好好想想到底怎么做对自己更好。就这样，我们劝了两个多小时，不知道是老人累了，还是我们的劝导起作用了，她的情绪逐渐变得没那么激动了。

之后我们想把她送回家。她早上是一位阿姨送过来的，她让阿姨先回去，自己一个人留在了法院，但我们不可能让她一个人回去，必须把她安全送到家。可我们一把她抱上轮椅，她就开始拼命地挣扎，连轮椅的帆布坐垫都被弄断了。好在当时有位同事臂力惊人，一把将她抱上了车，我们也在旁边做了一些保护措施。为了让她舒服一点，我们特地安排了一辆中巴车，让她坐在靠窗的位置，我就坐在她旁边。

车子驶出法院后，她的情绪再次爆发，拼命地用手敲打前面的靠椅坐垫，甚至还抽自己的耳光。我一看，觉得这不行，不能让她受伤，于是赶忙抓住她的两只手，考虑到她80多岁了，我不敢用力。她一看手被抓住了，就开始用头撞击，我又立马将她搂住。搂住她的一瞬间，我感觉到她很绝望，当时也没多想，就抓着她的手挥向了自己，

顾骏安抚绝望的老太太

主持人：这是一位老太太，为什么当时没有让女法警送她回去，而是让男法警送她？

顾骏：因为老太太特别沉，女法警可能抱不动。

主持人：我之前了解到，你是外婆从小带大的，小时候的成长经历对于处理此类突发事件有帮助吗？

顾骏：也不能说有帮助，但是因为从小跟外婆生活在一起，外婆陪伴我度过了一段很重要的童年岁月，所以我对老人有一种比较亲切的感情。

主持人：你让她把拳头挥向自己，不要做出击打车窗玻璃等危险行为。那一刻，你觉得你跟她之间是怎样的一种关系？

顾骏：虽然我穿着制服，但是我当时觉得，这位老人真的非常可怜，所以并没有完全把她当成一个来闹事的当事人。老太太的儿子被捕了，她一个人在外面，让人很心疼。

主持人：这位大娘后来怎样了？

顾骏：回到家之后，我们把她抱到床上，她躺在床上号啕大哭，真的很让人心疼。之后大概隔了一周，她又来了一次法院。虽然还是

告诉她，"没事，打我，打我就行"，希望她能就此把情绪发泄出来。后来她挣扎了一会儿，大概也累了，就逐渐平静了下来，我们把她送回了家。

吵闹，但是明显没有上次那么情绪激动，也能听进我们的劝了。后来，我们再次将她送回家，单位领导也跟老太太所在的居委沟通了有关情况，让他们帮忙注意一下。据我们所知，老太太后来过得还可以，也有人在照顾她。

主持人：你们是不是会经常碰到一些跟老人有关的突发情况？

顾骏：还是比较多的。因为人年纪大了，很多东西都不知道如何处理，需要我们的帮助，所以跟我们联系比较密切。记得有一次，一个老人坐着轮椅来我们法院，想去档案室调材料，但是我们档案室在三楼，而且因为楼层较低没有安装电梯。她是一个人来的，坐着轮椅上不去，就呆呆地坐在那里，半个多小时没有动静。我的同事在巡视中发现了这一情况，就上前询问老太太，为什么在这里坐那么久。老太太看到有人来了，就开始吐苦水说："你们法院怎么这个样子，我一个老太太来办事情，楼也上不去。"因为她是来档案室调档案的，而调档案这件事情必须本人亲自前往，无法代办，因此，我的同事让她先别着急，并提出背这位老太太上去，她说只要能让我办完事情就可以了。于是，我的同事就背着她来到档案室，事情办完以后又把她背了下来。

主持人：顾警官，你们是怎样成长为一名有素养的法警的？

顾骏：首先，我要感谢上海市静安区人民法院法警大队的培养。我们刚进法院的时候，也是什么都不懂的"小白"，法警大队会给我们每人安排一名带教的老法警，教我们工作，让我们在旁边观察，看看老法警是怎么做的。老法警处理完一件突发事件后，会问我们看到了什么，学到了什么，哪里需要改进，并通过这种实战化的训练，告诉我们今后该怎么做。虽然我们在警校时学习了很多东西，但也是在参与了很多工作之后，才能把学习到的理论知识融入实际工作当中。此外，我们法警大队还会定期开展"以案说案"活动，结合平时保留下来的处突录像，整个警队畅所欲言，讨论某次突发情况的处置到底合不合理，有哪些地方需要改进，就像游戏"大家来找碴"一样。

主持人：通过不断地回看录像，不断地演练，再遇到突发情况的时候，虽然不可能完全一样，但你们可能早已心中有数了。

顾骏：不是每个人都经历过这么多事情，有些人可能没有机会去经历，但是通过这种学习模式，就像经历过一样，以后再碰到类似的问题，就知道怎么处理了。

主持人：你刚才讲到的"警校"是个什么学校？

顾骏：当时，法院特地通过警校来定向培养我们。我在那儿学了1.5年，有大量的理论学习和实践训练。因为法院法警工作主要是两块：一是处突，就是处理突发事件；二是刑事保障，就是保障刑事案件顺利开庭，例如先去提押犯人，庭审的时候在后面值庭，最后再把犯人还押。学习内容包括理论知识、值庭标准、体能训练等。

警官，我明天还能再来吗？

主持人：吴宗亮警官，你在工作中是不是也遇到过这些事？

吴宗亮：我在岗位上也碰到过不少老年人，让我印象比较深刻的是2021年2月遇到的一位老奶奶。那天正好是周日早上，我正在值班，突然接到门岗的电话，说有一位衣衫褴褛的老奶奶站在门口不肯离去，我一听此事立刻下了楼。这位老奶奶大概七十多岁，神情有些恍惚。我先和安保人员为老奶奶做了体温测试，确认体温正常后就开始询问有关情况。交流时我发现老奶奶身体状况不是很好，有些语无伦次。

一开始，老奶奶可能心里有些防备，不太愿意多说。我给老奶奶搬来了一把椅子，让她先坐下来，我和她慢慢聊，她也渐渐愿意说话了。她说自己遭受了家暴，想来法院寻求帮助，我提醒她应该先去派出所报案验伤，但老奶奶没有听进去，还是在重复之前说的话。我就只能先蹲下来，接着聊下去。

主持人：作为警官，在面对这样一位老奶奶的时候，你选择蹲下去，你的出发点是什么？

吴宗亮：出于尊重，否则你站在她面前，她可能会有压迫感。

吴宗亮蹲下身子与老人交流

主持人：那你蹲下来之后，有没有立竿见影的效果？

吴宗亮：确实是有。当时我先给老奶奶搬了把椅子让她坐下，我弯着腰和她聊天，那个时候太阳正好有点大，说了几句话以后，我发现老奶奶和我讲话头要仰着，阳光照在她的脸上会有些刺眼，我便蹲了下来。因为我觉得人与人交流，保持平视也是一种尊重，就像我们平时看到的，幼儿园老师以及家长和小朋友说话的时候，也是会蹲下来的，这样能更好地建立信任。另外，老奶奶来法院还是有些紧张的，我们蹲下来能缓解她紧张的情绪，让她放松下来。

主持人：后来奶奶听你的建议了吗？

吴宗亮：听了。我继续和老奶奶聊下去，她说她有个孙子是警察，言语之间流露出一股自豪之情。或许老奶奶是看到我和她孙子穿一样的制服，渐渐地放下了心里的防备，开始把包里的东西一样样地拿出来给我看。她的包里有一本工作证，还有一本笔记本。我从笔记本上看到她家人的电话，便联系了她的家人。电话里，她家人说要骑电瓶车过来接老奶奶，我一想，这不太好，一方面不符合交规；另一方面，老奶奶的安全也得不到保障，就没有采纳这个意见。后来，我又从老奶奶的笔记本里找到了一张警民联系卡，拨通了卡片上的民警电话。通过和民警联系，我了解到老奶奶是一位从精神病院走失的老人。我又联系了她的儿子，经过劝说，老奶奶的儿子愿意开车来接她回去。

主持人：老奶奶当时一定很感谢你，她有说什么吗？

吴宗亮：确实说了，老奶奶离开法院之前说，吴警官，我明天还能不能再来法院？我说可以，但前提是你得让你儿子陪着来，不能再一个人偷偷走出来了。

主持人：这件事给了你怎样的触动和启发呢？

吴宗亮：给我最大的启发就是，要做一名有温度的司法警察。这里讲的温度就是大爱和善意，就是一心为民的初心。作为一名司法警察，应该用心去倾听群众，将心比心，用心去体会，贴心了解群众的需求，这样才能不断提升司法为民的服务水平。习近平总书记在人民警察警旗授旗仪式上说过，"新的历史条件下，我国人民警察要对党忠诚、服务人民、执法公正、纪律严明，全心全意为增强人民群众获得感、幸福感、安全感而努力工作，坚决完成党和人民赋予的使命任务。"我们上海市徐汇区人民法院法警大队的队伍建设目标就是打造"四有警队"：有规范、有能力、有血性、有情怀。

主持人：顾警官，男生有的时候比较急、冲劲大，但是你们处理突发事件这么细致、和缓，这是性格本身的原因，还是工作的锤炼？

顾骏：我觉得两者都有，因为我平时性格就属于比较慢的，不是很急。一些来法院办事情的人，他（她）们会很急，想把事情一步办到位，但有时候又很难做到，这时候，我们一定要细心。例如，有些人来了要立案，结果诉状也没写，什么都没准备，那我们就会给他（她）拿一份模板，告诉他（她）该怎么填，让他（她）填好了再来。

主持人：未来你们还会遇到各种各样的突发事件，例如涉及老人的纠纷，你们会怎么处理呢？

顾骏：其实就是4个字：一如既往。

吴宗亮：不忘初心。

（李榛涛　马超　整理）

幕后心语

郭 燕

在司法警察处理的问题中，有些问题是解决不了的，例如释放有犯罪嫌疑的人。而很多老人其实也知道，问题没办法解决，但还是要跟你讲，因为他（她）们很痛苦，要通过向你倾诉来缓解。虽然很多事情已经超出职责范围，我们的两位警官还是愿意停下来，慢慢陪他（她）们聊，分担他（她）们的痛苦，让他（她）们感受到尊重和关爱，这非常难得。我相信，倾诉完之后，老人的心里也会轻松一些，这样他（她）们下一次来的时候可能就不会这么激动，甚至就不会再来了。

网友留言

@chencheng：法警给人感觉威武、庄重、严肃，但他（她）们也是有温度的。对待老人像春风一样沁人心脾，而面对危及人民生命财产安全时，他（她）们义无反顾，全然不顾及自己……

@老听众5931：有法（警）可依，孤而不单。

报道精选

当你老了　陪你不"孤"[1]

文/廖丽君

"吴警官，我明天还能再来法院吗？"

走失的老太太和法警吴宗亮在法院门口聊了整整一个上午，被儿子接走前，她不舍地问吴宗亮。

"可以来呀，但前提是你得让你儿子送过来，不要自己跑出来。"吴宗亮心里一软，告诉老太太。

在上海的各级法院里，常常会出现因为各种原因来访的老人。如何安抚一个向自己挥拳的老人？如何在老人迷茫时替她找到回家的路？如何做一名有温度的司法警察？

"打我，打我"

"安检大厅这边有事，快过来！"

听到对讲机里的呼叫，上海市静安区人民法院的司法警察顾骏立刻冲了过去。

一位半瘫痪的老太太正躺在等候座椅上不停扭动，激动的叫喊声传出很远。司法警察大队政委、刑庭法官、几名法警都在旁边耐心地和老太太沟通。

原来，老太太的儿子涉嫌倒卖含有上瘾成分的药物，处于取保候审状态，公安机关查明案情后变更强制措施，将其逮捕。老太太觉得儿

---

[1] 廖丽君：《当你老了　陪你不"孤"》，上海市高级人民法院微信公众号"浦江天平"，2021年11月22日。

子是在法院被公安带走的，就找到法院，想让法院把儿子"还"给她。

顾骏和其他人都知道，老太太的要求不可能实现，只能耐心地安抚她的情绪。经过两个多小时的劝导，老太太情绪有所缓和，他们趁势劝老太太回家。

谁知，法警们将老太太抱上轮椅后，老太太的情绪又激动起来，她拼命挣扎甚至撕破了布制的轮椅坐垫。法警们只好合力将老太太抬上了车。

车上已做好了保护措施，顾骏也贴身坐在老太太旁边。可车子一驶出法院，老太太再次情绪失控了，喊着"我儿子回不来了，我活着还有什么意思？"她拼命用手捶打自己和前方座椅，手被顾骏抓住后，她又将头撞向车窗。

顾骏见状，迅速将老太太揽到自己怀里，一手紧紧抱住她的头，另一只手握住老太太不安挥动的手臂，安抚老太太，"打我，打我，打我……"

在法警岗位上，顾骏见过形形色色的当事人，但当他抱紧挣扎的老太太时，依然被她的绝望震撼了，她是真的有了求死的念头。

"打我，打我，打我……"，顾骏就像大人抱小孩一样，安慰着老太太，"别怕，别怕，别怕……"

或许是累了，或许是不想再伤到顾骏，快到家时，老太太的情绪终于稳定下来。在居委、街道工作人员的陪同下，四名法警接力将她抱回了家。

四十多平方米的老房子里没有几件像样的家具。老太太躺在床上，一想到儿子回不来了，又声嘶力竭地哭喊起来，好一会儿才平复下来。见此情景，法警们才放心与居委工作人员交接好，然后离开老太太家。离开时已是中午，忙碌了近五个小时的他们还没有吃饭。

虽然肚子饿着，但顾骏心里是柔软的，只有把老太太平安送回家，也让老太太发泄了情绪，她才会把注意力转向以后怎么好好生活。之后，过了一个礼拜，老太太又来了一次法院，虽然她还是吵吵闹闹，但已经可以听得进人劝了，法警们也再次将她安全护送回了家。

"好感动，但愿多些这样耐心的好警官。"网友"莎莎5387129778"在听完这段故事后留言。

让人卸下心防的温暖一蹲

2021年2月，上海市徐汇区人民法院法警吴宗亮也在岗位上遇到了一位特殊的老太太。

那是一个星期天的早晨，一名七十多岁的老太太衣衫破旧，神情恍惚，站在法院门口久久不肯离去。门卫试图和她沟通，但她只会沪语，交流不太顺畅。

正在值班的吴宗亮听闻，立刻赶到门口，和安保人员一起询问具体情况。

在沟通的过程中，老太太说自己遭受了家暴，要来法院寻求帮助。吴宗亮提醒她："这种情况您应该先去派出所报警验伤。"可老太太似乎没有理解，只是自顾自重复着之前的话。吴宗亮意识到，老太太的精神状况不太好。

正午将至，日头很大，老太太看向弯腰同她讲话的吴宗亮时，要仰头，阳光正好照在她脸上，有些刺眼。吴宗亮担心老太太不舒服，便蹲了下来，平视着与老太太聊天。

看到吴宗亮蹲下来，老太太也渐渐卸下心防。

她说自己是金山区人，并从包里拿出旧工作证和记录本。根据本子上的联系方式，吴宗亮找到了金山区金山卫镇卫生服务中心的工作人员，咨询他们，老太太是不是被儿子虐待了？

工作人员表示，这是老太太想象出来的，她有精神方面的疾病。根据工作人员提供的联系方式，吴宗亮拨打了老太太儿子的联系电话，却没接通。吴宗亮只好继续联系记录本上的其他人，一位老太太的亲戚接通了电话，却表示只能骑电瓶车过来接她，考虑到安全，吴宗亮没有接受。

为了获取更多信息，帮助老太太早点回家，吴宗亮放下电话，和老太太唠起家常。看着面前一身警服的吴宗亮，老太太突然说："我孙子也是警察！"言语间满是自豪，吴宗亮也马上连连称赞："您孙子真是太有出息了！"

老太太更加开心了，从包里翻出了警民联系卡。联系到老太太居住地的片区民警后，吴宗亮再次确认了老太太是从精神病院走失的病人，并且没有被儿子虐待。随后，吴宗亮又一次联系了老太太的儿子，电话终于被接通。一个多小时后，老太太的儿子从金山区赶来接回母亲。

临走前，老太太问吴宗亮："吴警官，我明天还能再来法院吗？"

吴宗亮内心柔软了下来，说："可以来呀，但前提是你得让儿子送过来，不要自己跑出来。"

做法警工作的多面手

处突岗位，是一个考验能力的岗位，需要个人经验和独立判断。

在这里，法警们会遇见各种各样的突发状况，警校里学到的知识与技能还不足以让他（她）们处理好工作中的实际问题。他（她）们必须快速熟悉岗位，摸清工作细节，把理论与实践相结合。

为了让年轻法警尽快适应岗位，上海市静安区人民法院司法警察大队为每一位刚进警队的法警都安排了带教老师。年轻法警可以在一旁观察带教老师如何处置突发情况、如何与带有情绪的当事人交流。结束后，带教老师还会为年轻法警剖析为什么要这么说、这么做。

上海市静安区人民法院司法警察大队开展训练

例如，在安检大厅与保安人员争吵过的当事人需要特别注意，因为他（她）们是带着情绪的，但凡有事不顺，就会情绪爆发。法警可以提前了解背景，提前预防，甚至想办法提前给当事人"泄气"。

除此以外，上海市静安区人民法院司法警察大队还会定期开展以案说案的讨论活动，对近期碰到的棘手或有代表性的案例进行复盘，回顾处理过程是否得当、是否有纰漏，把问题找出来，再一起商讨出更有效的策略。

这个大型"找碴游戏"让法警们受益匪浅，能够促使他（她）们积累处突经验，并将其应用于更多事件的处理中，从而游刃有余地完成任务。

"在岗一分钟，尽职六十秒"，这是上海市静安区人民法院司法警察大队的工作原则。处突岗位一旦精神松懈，就难以及时应对突然发生的警情。警队的训练正是为了让法警们积累经验和技巧，面对突发情况游刃有余，成为法警工作的多面手。

有温度的"蓝色信念"

回顾自己的工作时，顾骏笑着说："有些时候当事人就是想找个人倾诉，说一说，他（她）们也就好了。"他还会带点幽默地陪当事人聊家长里短，聊着聊着，当事人就笑了，甚至忘记之前为什么发火了。

"他（她）们笑了，其实就没事了。"顾骏说，他希望当事人能够开开心心地回去。帮助大家化解一些生活中的烦闷，是让他乐以忘忧、对法警这份工作更具热忱的重要原因。

吴宗亮的想法跟顾骏一样，他对自己的要求是："对当事人多一点微笑"，做一名有温度的司法警察。

许多网友也在直播间为两位法警的故事点赞，网友"倩姐Qian"留言说："为法警小伙点赞，听完差点被感动到泪目。"

网友留言截图

2021年，上海市徐汇区人民法院司法警察大队相继推出了建设"四有警队"的发展目标，以及体现司法温度的十个"多一点"具体举措。

"四有警队"就是打造"有规范""有能力""有血性""有情怀"的警队。"多一点"是指对法院多一点热爱、对法官多一点服务、对同事多一点关爱、对当事人多一点微笑、对被告人多一点耐心、对执法多

上海市徐汇区人民法院司法警察大队在保障庭审

一点规范、对诱惑多一点清醒、对不法行为多一点血性、对自己多一点要求、对职责多一点担当。

从建设"四有警队"到十个"多一点"举措，其本质都是为了更好地服务人民。"对党忠诚、服务人民、执法公正、纪律严明"这十六个字，是每一名上海法院司法警察心中的标尺。

顾骏记得，有法警遇到坐轮椅的老太太时，由于大楼三层没有电梯，法警背着腿脚不便的老太太跑上跑下，从一楼到三楼，又从三楼到一楼，原本满是埋怨的老太太反而不好意思起来。

吴宗亮记得，警队有同事面对意图强行冲进立案大厅的当事人时，一边阻拦，一边保护，甚至为了避免当事人受伤，让当事人摔倒在自己身上，事后仍心平气和地抚慰当事人，最终成功劝阻。

电台直播的当天，他们都穿着蓝色警服，告诉听众，这是他们的

"蓝色信念"！要做一名有温度的司法警察，这份温度是大爱和善意，是一心为民的初心。

荣誉清单

吴宗亮

2017年区级机关个人嘉奖

2019年区级机关个人嘉奖

陆

生命"接力"

我相信　爱的本质一如

生命的单纯与温柔

我相信　所有的

光与影的反射和相投

——席慕蓉

张卫东

男，53岁，上海市青浦区人民法院党组成员、副院长，从事政法工作32年。

司法警察工作代表了一个窗口、一种形象。他（她）们是严格执勤的安全"检查员"，是正襟危坐的法庭"守护者"，是冲锋在前的执行"护航人"，是法院队伍中一道绚丽的"蓝色"风景线。

——张卫东

沈 瑜

男，33岁，上海市青浦区人民法院司法警察，从事司法警察工作8年。

法警工作贯穿各个审判环节，细心、耐心、责任心缺一不可。

——沈 瑜

对 话[1]

电台节目合影

陌生人，谢谢你拯救我和我的家庭

主持人：严科长，今天给我们带来怎样一个故事？

严剑漪：今天我想给大家带来一个故事，故事的主人公是上海市青浦区人民法院一位非常优秀的法警，他救过一个人。在他人生当中曾经有一天，他躺在病床上，身上插满了管子，边上是一个大机器，而与此同时，在世界的一个角落，他完全不认识的一个17岁的孩子，

---

[1] 电台访谈时间：2021年11月26日；图片摄影：许超等人。

正在等着他的造血干细胞去拯救生命。

主持人：沈警官，"造血干细胞移植"这个专业的名词，你以前听说过吗？

沈瑜：进入法院之前，我对这个词是很陌生的。进入法院以后，正好有法院组织大家集体加入中华骨髓库的活动，我就加入了。一开始我也不是很了解，过了三年，也就是2017年，我第一次接到红十字会的电话，说我和一个小女孩造血干细胞匹配，但由于距离登记隔了太长时间，我第一反应以为是诈骗电话，第二反应以为和传统意义的骨髓穿刺一样，当时对捐赠造血干细胞还比较茫然。后来，我们领导帮忙去问了许多捐献过的人，我自己也查阅了一些资料，知道"造血干细胞移植"就是通过打动员剂，把我们骨髓里的干细胞动员到外周血，再通过外周血捐献。

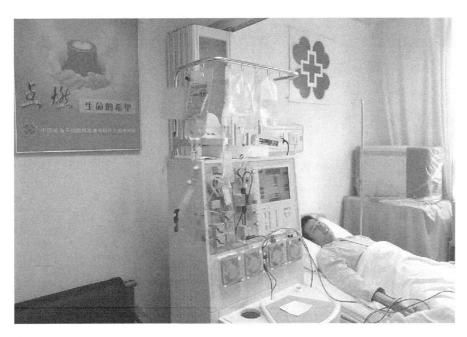

沈瑜捐献造血干细胞

主持人：后来，你和另一个孩子发生了温暖的故事，是什么情况？

沈瑜：第一次和那个小女孩匹配的事，我后面再联系，就没有答复了，但很幸运的是，2018年，我又接到了红十字会的电话，说有一个17岁的男孩得了急性白血病，病情紧急。因为有了第一次的经验，我当时一听便毫不犹豫地答应了捐献。

主持人：捐献的时候，有没有特别紧张的时刻？

沈瑜：因为之前做了很多心理建设，所以躺到病床上的时候，我不是特别紧张，反而是我家里人比较不放心，尤其是我爸，他有一些犹豫，我和他解释了很多，告诉他捐献不影响身体健康，他花了一晚上的时间才肯帮我签字。关于捐献是这样的，如果你家里有一个亲属不同意签字，那么捐献就不成立。

主持人：捐献成功以后，这个男孩给你写了一封感谢信，你看到这封信的时候，是妻子坐在病床旁吗？

沈瑜：对，是这样的。当时，我的双手插着管子，能看见血流进一个分离机里面，把造血干细胞分离出来。那段时间我躺在病床上不能动，是对方医院的志愿者送来信件，因为我不能动，我爱人就展开来念给我听。

主持人：那封信上的内容，你记得最清楚的是什么？

沈瑜：我记得，他说我是一个"陌生人"，因为我们之间没有提前交流，红十字会也不允许双方交流，我其实没有见过他，所以他称我为"陌生人"。他说："陌生人，谢谢你拯救了我，拯救了我的家庭。"这句话我印象最深，听到这句话以后，我真的觉得这件事情做得值了。

主持人：张院长，像沈警官这样的，上海市青浦区人民法院就一个吗？

张卫东：从2013年开始，上海市青浦区人民法院动员符合条件的年轻干警去参加中华骨髓库，我们许多同志都踊跃报了名，沈瑜是上海市青浦区人民法院成功捐献的第一例。

我们还有一位同志，西虹桥法庭的陈强法官，他是2020年捐献的，是我们法院成功捐献的第二例。据我了解，目前整个青浦区共成功捐献了20例，我们法院就占了两例。年轻干警踊跃报名，也反映了他（她）们积极向上、乐于奉献的精神。

向前多跨一步

主持人：沈警官，你在工作中会遇到这样需要奉献精神的事例吗？

沈瑜：有一件我印象比较深刻的事，记得那是一个夏天的中午，我接到对讲机报告，说有一个当事人要翻法院的大门。我一听就立刻跑了过去，结果看到保安控制着一个四十多岁的中年男子。我于是很严肃地对他说，这里是法院，怎么可以翻法院的大门，你做这个事情要严肃处理的，当事人应该走安检通道。

我说完以后，对方就这样看着我，也不说话。我当时觉得很奇怪，想这个人是不是太"拽"了。保安过来跟我说，这个人是聋哑人，我听了以后，请他到法院门口的长椅上坐下。坐下来以后，因为他不能说话，我就只能用纸笔和他交流。通过一段时间的交流，我发现他是从崇明区过来打离婚官司的。

我将他带到立案庭，找立案庭的法官。我们小洪法官很热情地接待了他，但询问后，却发现他应该去上海市松江区人民法院立案，他的案子不归我们法院管辖。我们于是准备了各种诉讼材料的模板交给他，并结合他的情况，建议他请一个代理人帮忙打官司，但他表示家里比较困难，我们就把法律援助中心的地址、电话给了他，希望法律援助能够帮到他。后来，我们还向他告知了上海市松江区人民法院的地址和联系方式。

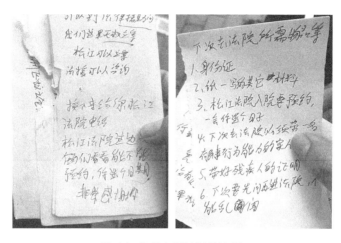

沈瑜与聋哑人通过纸笔沟通

他走了以后，我想想还是不太放心，就又打电话给青浦区法律援助中心，跟他们沟通了一下，说这个当事人下午可能会过去，法律援助中心的工作人员说，会联系残联的手语老师帮忙，一起接待这名当事人。后来，我又和小洪法官沟通，与上海市松江区人民法院取得了联系，让他们有所准备，方便接待这名当事人。

主持人：这个事情转交出去以后，还继续帮忙联系各方，我相信你是不放心，还在继续关注这件事情。

沈瑜：是的。因为他属于特殊群体，本来在社会上就比较弱势，我们作为法院干警，能为他多考虑一些就多考虑一些。

主持人：张院长，沈瑜的表现您满意吗？

张卫东: 沈瑜警官处理这个事情是非常到位的。从法警的职责角度来说,只要他处理了突发事件,就完成了职责,但是我们上海市青浦区人民法院的法警跨前了一步,延伸了职能,充分发挥熟悉诉讼程序的优势,更好地帮助当事人实现"案结、事了、人和"的效果。

沈瑜警官通过自己的努力,以及与立案庭法官的紧密配合,很好地解决了这个问题,实现了我们法院所倡导的司法为民的宗旨。不知道主持人刚才注意到了没有,有一个细节,就是我们把这名聋哑人扶到了门口的一个长椅上,这是上海市青浦区人民法院司法便民、利民的措施之一。2021年8月,暴雨、高温天气多,我们搭建了几个大型的遮雨、遮阳棚,并且准备了一些一次性雨披、雨伞等,为群众提供力所能及的便利,使他们体会到司法的人文关怀。我觉得这个做法是非常好的,人民警察爱人民也是我们追求的目标之一。

主持人: 有网友好奇,既然对方是聋哑人,你们是怎么知道他情况的?

沈瑜: 我们通过纸笔交流,大概花了一个小时左右,完整地了解了他的家庭情况、为什么要来法院、要做什么事情。他的法律意识不是很强,最基本的写诉状,他都不知道。一开始他想翻越法院的大门,其实也是不知道当事人应该从安检通道进来。考虑到他的情况,我后来就告诉他,当事人要走安检通道,不能再这样翻法院大门了。

"螺蛳壳里做道场"

主持人: 张院长,来法院的除了当事人,还有代理人等,咱们应怎样满足他(她)们的一些需求?

张卫东: 上海市青浦区人民法院历来坚持司法为民的宗旨,出台了许多便民、利民措施,包括我刚才所说的遮雨、遮阳棚。我们2021

年主动征求了相关人民监督员和律师的意见，开了座谈会。政法队伍教育整顿期间，在座谈会的过程中，有律师提出希望能设置一个律师专用安检通道。虽然上海市青浦区人民法院的场地非常有限，但我们听到律师反映的这个情况，立即做了调研，最终"螺蛳壳里做道场"，为律师开辟了一个安检专门通道，保障了律师和当事人的合法权益。这个举措得到了律师群体的一致好评。

主持人：为什么要分流呢？

张卫东：因为律师安检和当事人安检的要求不一样，流程也不一样。

主持人：疫情期间，你们做了哪些工作？

张卫东：大家都知道，疫情在不断变化，对我们的疫情防控也有不同的要求。2021年我们提前做了一些预判，具体来说，就是围绕着"防疫要求不打折，安检流程不拖拉"的目标，重新设计了安检的全流程，加强了对相关安检人员的培训，包括文明用语的培训，以及如何引导人流、维护安检秩序等，进一步提高了安检效率。实际上，我们今年的安检力量没有增加，但我们的效率提高了。当事人对我们的安检水平，包括我们的服务保障都是非常满意的。

主持人：虽然安检的流程增加了，但是你们在细节上多给自己提了要求，让大家舒舒服服地走。

张卫东：对，我们始终以人民群众的满意度来衡量法院的安检水平。

主持人：安检是法院的第一道窗口。张院长，您分管这块工作，

上海市青浦区人民法院司法警察大队训练

要求是怎样的？

张卫东：当事人也好，律师也好，来法院碰到的第一位工作人员就是我们的法警，法警是一个窗口。2021年，上海市高级人民法院法警总队开展了"把窗口擦得更亮——我为群众办实事"的实践活动，我们也在落实这项工作。

我在这里可以跟大家分享一个小故事。2021年8月，有一名女子在我们诉讼服务中心门外的人行道上突发疾病摔倒在地，我们安检的法警和保安第一时间上前查看。当时的情况还是比较危急的，这名女子面部朝下，浑身抽搐，口吐白沫还带有血丝。因为是疫情期间，法警第一时间疏散了围观的群众，然后拨打了120急救电话，并且准备了急救包、水、小型风扇等物品，以备急救时使用。

非常幸运的是，几分钟后，这名女子自己苏醒了，自述自己患有癫痫，我们的法警马上把她扶到一边，为她擦拭和包扎伤口，120急救车来了以后，对法警的这些措施予以肯定，围观的群众也对我们法警的表现予以了表扬。这说明了什么呢？它不是在法院里发生的，也没影响法院的秩序，但是我们的法警跨前一步，展示了非常好的法院形象，诠释了"把窗口擦得更亮"的精神，也反映了法警的综合素质和能力。

今天沈瑜警官来，他是代表我们整个法警大队的。法警大队是法院整个体系的有机组成部分，法警的精神面貌也体现了我们整个法院的精神面貌，上海市青浦区人民法院的精神面貌也展现了整个法院系统的精神面貌。

从我们的角度来说，每一位法院的工作人员，无论是法警还是其他的法官、辅助人员，都应该有一颗爱心，有一颗公道之心，通过案件的公平、公正处理，既让人民群众在每一个案件中感受到司法的公平和正义，也能体会到司法人文关怀的温度。

（崔缤子　整理）

幕后心语

郭　燕

鲁迅在《伤逝》中说："人必生活着，爱才有所附丽"，这句话就是我对这次采访的感受。采访中，沈瑜给我们分享了聋哑人士的例子。当时我们很好奇，因为他有一句口头禅，就是"他们太不容易了，我们要帮帮他"。我们好奇，他这么年轻，怎么会有这样的口头禅。后来知道了沈瑜的一些经历，他大学找工作不顺利，吃了很多苦，也遭了很多白眼，所以通过这个事情，我们对他的生活经历有了更多的了解。

英雄不是天然就有的，爱和奉献有很多种，我相信沈瑜的这种奉献和爱，就是他的生活经历给他的。同样，"我为群众办实事"的方式也有很多种，我相信，上海市青浦区人民法院为群众办实事也是从老百姓的生活出发，解决老百姓生活的难点，让老百姓更好地生活。

网友留言

> @chencheng：司法警察是维护法律尊严的代表，他们既要捍卫法律尊严，也要维持法庭秩序，肩负的责任重大。
>
> 荷花美：人民的法警为人民。

报道精选

挺身而出 为生命"接力"[1]

文/陶韬 郭燕

"听说接受我的造血干细胞后，那孩子的性格可能会慢慢像我，长相也会慢慢像我，我俩之间的匹配程度可能比我跟儿子还高呢！"沈瑜对妻子说。能够在世界的某一个角落，有一个自己救过的孩子，这让

---

[1] 陶韬、郭燕：《挺身而出 为生命"接力"》，上海市高级人民法院微信公众号"浦江天平"，2021年11月29日。

他觉得很庆幸，也很神奇。

饱受疾病折磨的孩子，如何照亮他的人生？突然闯入法院的人，如何与他"无障碍"沟通？维持法庭秩序的司法警察，如何在老百姓需要时挺身而出？

一封信、一段缘、一个新生

"您的出现如同黑暗中的一束光，照亮了我的生命，让我重拾了活着的希望。亲爱的陌生人，您是我和我们全家的恩人，感谢您的奉献，让我的生命得以延续……"

这是一封白血病患者写给上海市青浦区人民法院法警沈瑜的感谢信。2018年9月20日，沈瑜收到这封信，当时他正双手插管，躺在病床上，进行造血干细胞捐献采集，为这名花季少年送去重生的希望。

上海市青浦区人民法院有个传统，就是鼓励新进法院的年轻干警自愿参加中华骨髓库成分血采集。2014年，沈瑜刚进入法院工作就加入

刚到法院工作时的沈瑜

了这项公益活动，不过要说"造血干细胞"真正走进他的心里，是在2017年。

那年，沈瑜第一次与血液病患者初配成功。接到红十字会的电话后，他有点懵、有点迟疑。后来，沈瑜上网搜寻了很多资料，详细了解情况后，终于下定决心捐献，最终却因为其他原因未能完成捐献，这让他感到非常遗憾。

2018年6月，沈瑜再次接到配型的求助，求助的是一位17岁的花季少年。这一次，沈瑜没有犹豫，在家人和同事的关心、支持下，他积极参与到配型、体检、打动员剂、捐献中，努力与时间赛跑，只为挽回一条年轻的生命。

有人曾经问沈瑜："捐献的过程很辛苦吧？"沈瑜总是笑一笑，"我还好吧，志愿者们曾告诉我，捐献之前打动员剂的过程很痛苦，人趴在床上跟瘫痪了一样，厕所都上不了。后来，我发现自己打了以后没什么反应，就是腰酸，当时我老婆在电话里开玩笑说，我的感觉跟她怀孕的时候差不多。"

虽然沈瑜说得轻描淡写，但是，在旁陪同的志愿者们至今还记得，由于血管太细，他扎针时鲜血直流的样子，以及捐献时因为缺钙，他脸色发白、全身颤抖的模样。

捐献完成后，沈瑜偶尔会想起受捐的那个孩子，"不知道他情况怎样了。"红十字会的工作人员告知他，如果没有再次收到捐献的需要，那个孩子应该就是康复了。直到今天都没有接到这样的联系电话，沈瑜常常在心里祝福这个少年可以健康成长。

沈瑜是上海市第411例、青浦区第12例造血干细胞捐献者，而像他这样奉献自己、挽救他人生命的，在上海市青浦区人民法院还有一位，那就是西虹桥（进口博览会）人民法庭的副庭长陈强。2020年，他为一名患病的小女孩捐献造血干细胞，成为上海市第502例、青浦区第20

例捐献者。

"法院干警在八小时工作之余，也是一位社会人，应该承担一定的社会责任，而年轻干警踊跃加入骨髓库正是一种社会责任感的体现，反映出他（她）们积极向上、乐于奉献的精神。"上海市青浦区人民法院副院长张卫东说。

因为自己淋过雨，总想为你撑一把伞

2021年，沈瑜32岁，有父母、妻儿陪伴，从事着喜爱的司法警察职业，俨然一个"人生赢家"。然而，回想起大学毕业找工作的那段日子，他还是常常忍不住感叹太不容易了。

那是2013年，沈瑜大学毕业，但是毕业就是失业，从战战兢兢拿着简历递给招聘单位，到不管"三七二十一"厚着脸皮"杀"入公司直接问："你们这里招人吗？"沈瑜忙乱过，也迷茫过，好像永远不知道第二天会是什么样子。

终于有一天，一家批发公司招聘他为销售员，沈瑜以为好日子就要开始了，没想到去公司报到的第二天，带教师傅就直接把他领到了仓库，让他帮忙搬东西。

"我们不是跑销售吗？"沈瑜问。

"老板叫你干，你不干？老板要求的！"师傅答。

就这样，在一个极其炎热的夏日里，在一个没有空调的小仓库里，刚刚大学毕业的沈瑜一箱又一箱地搬着饮料，汗水一点一滴地淌下来，很快，身上的衣服都湿了。

思前想后，最终，沈瑜决定报考法院的司法警察。他一边工作一边复习。三个月后，沈瑜顺利拿到了录取通知书。他笑得合不拢嘴，拿着录取通知书拍了一张照片。

"大家都很不容易，只要有能力，就一定要帮帮别人。"这段苦苦挣扎的岁月教会了沈瑜"同理心"。

2021年夏日的一个晌午，沈瑜正在司法警察大队办公室午休，突然对讲机响起保安的声音："有人翻法院大门！"他二话不说赶到了院外，只见一名40多岁的男子已经被保安控制，他立即按照规定对这名当事人进行询问，却发现该男子是聋哑人。

为了更好地沟通，沈瑜先把这名男子从烈日下引导到法院外的长椅坐下，然后又找来纸笔，一句一句地和男子通过纸笔交流。原来，男子是从崇明区过来的，准备打离婚官司，他家里只有患病的老人，对法律几乎一无所知，因为不知道怎样进法院，情急之下才想到翻越大门闯进来。

沈瑜马上找到立案庭的同事，仔细询问立案事宜。然而，同事们告诉沈瑜，按照规定，这起案件不归上海市青浦区人民法院管辖，这名男子应该去上海市松江区人民法院起诉。于是，沈瑜就和同事一起列了清单，把诉讼管辖法院、地址、联系电话等资料一一写在纸上，交到男子手上。即使如此，沈瑜还不放心，他又拨通法律援助中心的电话请求帮助，同时拜托同事联系上海市松江区人民法院的工作人员，告知他们这名男子可能会前往上海市松江区人民法院立案，请做好相应的准备工作。

男子离开时紧紧握住沈瑜的手，一再竖起大拇指。

"我常常想，作为法警，我们的形象多是威严的，要起到震慑的作用，但是同时又可以是柔软的。从当事人的角度出发，去关怀、去体谅、去帮助。"沈瑜说。

"只有内心拥有最真挚的爱，才能用那片柔软包容世界。"网友"超级大杠杆"在听完这段故事后留言。"一位有温度的司法警察。""听友-2236713287"也在留言区感慨。

把窗口擦得更亮

"当事人也好，律师也好，到法院来碰到的第一个人，就是我们的法警。所以说，法警工作代表了一个窗口、一种形象。"张卫东介绍，为提升人民群众的获得感和体验度，2021年以来，上海市青浦区人民法院司法警察大队贯彻上海市高级人民法院"把窗口擦得更亮——我为群众办实事"实践活动精神，推出一系列举措，以解决老百姓"急难愁盼"的问题。

防疫形势不断变化，安检要求也随之改变，为保障疫情防控和群众诉讼，司法警察大队以"防疫要求不打折、安检流程不拖拉"为目标，从加强自身培训、提升服务水平着手，由专人负责，对各安检口的安检工作人员进行系统、规范的安检操作，以及用词、用语的专项培训，进一步优化安检流程，提高安检效率，提升安检水平。

上海市青浦区人民法院在安检口添置的便民设备

律师和当事人进法院有不同的安检要求，针对有人提出的"安检无律师通道"问题，司法警察大队得知后，第一时间会同相关部门制定并实施了整改方案，在诉讼大厅大门左侧新开一扇门，将原推拉门统一做成移门，并更换登记台，使当事人与律师分流，切实完善了安检场所分流机制，尊重和保障了律师执业权利。

在张卫东看来，"司法警察大队是整个法院体系的一个有机组成部分，法警的精神面貌也体现了法院的精神面貌。"

2021年8月，一名女性当事人在上海市青浦区人民法院立案庭门外的人行过道上突发疾病倒地不起，法警王萍知道后，当即组织安保力量疏散周边围观群众，并对当事人进行了初步检查。由于当事人口中不断吐出白沫且带有血丝、全身抽搐不止，她立即拨打120急救电话，并向领导汇报呼叫增援。

数分钟后，当事人逐渐清醒，并表示自己有癫痫病史，王萍一边询问当事人身体状况与个人情况，一边为其擦拭脸上的灰垢，包扎划破的伤口，还递来纯净水和小型电扇供其饮用和使用。120急救车到来后，医务人员对法院的处置给予了高度认可。

"每一名法院的工作人员，无论是法警还是法官、其他辅助人员，都应该有一颗爱心，有一颗公道之心，才能使法院的每一起案件都得到公平、公正的处理，既让人民群众在每一起司法案件中感受到公平、正义，也让他们在每一起司法案件中感受到人文关怀。"张卫东表示。

荣誉清单

沈 瑜

2015年区级机关个人嘉奖

2018年上海市优秀青年志愿者

2019年上海法院系统个人三等功

2019年上海市青年五四奖章

2020年获"2018—2019年全国无偿捐献造血干细胞奉献奖"

2021年上海法院系统个人嘉奖

柒

三巡“勋章”

让我怎样感谢你

当我走向你的时候

我原想撷取一枚红叶

你却给了我整个枫林

——汪国真

张 新

男,50岁,上海市第二中级人民法院党组成员、副院长,从事法院工作20年。

保障审执工作是人民法院司法警察工作的立足之"根",服务群众是"本"。

——张 新

杨成欢

男,34岁,上海市第二中级人民法院司法警察支队警政科副科长,从事司法警察工作8年。

法警的工作对我来说既熟悉又陌生,熟悉的是"传承",是对安全第一、服务人民工作要求的接续;陌生的是"发展",是不断的挑战。

——杨成欢

黄 楷

男,32岁,上海市第二中级人民法院司法警察,从事司法警察工作8年。

在警校时总以为法警工作只有押解、值庭,工作后,我才发现这只是我们台前的工作,警训实战化、警政规范化、警务科技化才是让法警工作走向更高、更快、更强的"助推器"。

——黄 楷

对话[1]

电台节目合影

客场作战的主场优势

主持人：今天给我们带来了怎样的故事？

严剑漪：前面六期，听众朋友们听到的是某家法院法警在这家法院中发生的故事。但今天我们邀请的这位警官，他的故事不是发生在自己法院里，也不是发生在上海，而是在一个叫"三巡"的地方。我希望大家能够从更多的角度来看一看上海法院法警的工作。

---

[1] 电台访谈时间：2021年12月3日；图片摄影：施蕾、夏佳超、张羽等。

出 发
——我在法院当法警

主持人： 杨科长，作为上海的法警，你为什么会到南京去工作两年？

杨成欢： 三巡的全称是"中华人民共和国最高人民法院第三巡回法庭"（以下简称三巡），它是最高人民法院的一个派出机构，目前全国有6个巡回法庭，一巡设在深圳，二巡设在沈阳，2016年三巡正式在南京挂牌，江苏、浙江、江西、福建、上海这四省一市是三巡的巡回区。我们巡回法庭建立之初，最高人民法院周强院长就说过，要把巡回法庭建成一个"家门口的最高人民法院"，要让巡回法庭更贴近群众，更好地服务群众。确实，"家门口的最高人民法院"让老百姓的路近了、钱省了、心顺了，也更加方便了。以前从上海去最高人民法院，一个来回至少需要两天，现在情况完全不一样，如果不住宿，一天就够了。

主持人： 我听说你是主动请缨的，你当时是怎么想的？一去就是两年，有没有纠结过？

杨成欢： 当初的确有，南京说远不远，说近不近，离上海大概三百公里的样子。当初，我虽然坚定地想去，但也有过犹豫，思想斗争还是比较激烈的。吸引我去的理由是，作为一名基层的司法警察，最高人民法院在我心目中是一个"高大上"的存在，是一个充满神圣和威严的地方。另外，我自己也好奇，想去了解一下最高人民法院的工作机制是怎样的，所以我觉得去巡回法庭工作、学习、锻炼非常有吸引力，而且机会很难得，我不想错过这个机会。但是一去就是两年，当时犹豫的不只是我，我的父母也在犹豫。我犹豫的原因是，父母年纪大了，需要人照顾。我父母犹豫的无非两个问题：一是我一个人出去工作，到底行不行；二是我的个人问题当时还没解决，所以父母和同事知道我要去南京的消息后，都半开玩笑、半要求地跟我说："成欢，你去南京两年，个人问题必须要解决。你要么就从南京带个女朋友回来，要么就到南京去做上门女婿落个户。"

主持人：那你到了三巡之后，是什么感受？

杨成欢：我报到的那一天是跟着导航去的，导航把我带到了一个办公园区里面。我当时还有点纳闷，想最高人民法院的巡回法庭怎么会设在办公园区里，但我还是跟着导航走了。当导航提示已经到达目的地时，我环顾四周，感觉楼房是没有什么差别的，但我定睛一看，大门口的牌子上面写着"中华人民共和国最高人民法院第三巡回法庭"。当我看到这几个字的时候，我的疑虑一下子消除了，有的只是激动和兴奋。我感觉终于找到组织了。我对三巡的感受就是，朴素之中透着威严。

最高人民法院第三巡回法庭外景

主持人：你到那里以后，主要是干什么？

杨成欢：我初到那儿主要还是做警务工作，但是我们警队的队长跟我说，小杨，你在这边不仅要把警务干好，而且还必须有一个"大勤务"的概念。

主持人：加的那部分勤务，它的闪光点和价值在哪里？

杨成欢：我讲一个例子，当时我过去不久，有一天在执勤的时候，一位法官突然从接待室跑出来说："成欢，成欢，我这里有点情况，过来帮我一下。"我想可能有警情，所以就过去了。

到了接待室，我看到一个中年男子在那儿，一口上海本地方言，例如"迭呗呗"（上海方言：这里）、"耶呗呗"（上海方言：那里）、"定子该"（上海方言：亭子间、阁楼）、"造批该"（上海方言：卫生间）之类。我一看这个情况，大致猜到可能是什么问题了。我们这个接待法官是北方来的，他在对照这位爷叔（上海方言：大叔）带来的书面材料时，因为语言不通，双方都不是很明白对方的意思。

爷叔发现法官听得云里雾里，他也想说普通话，但是实在没有办法说明白，所以他越说越快，越说越急，说得面红耳赤。我了解这个情况后，就充当了翻译，顺利传达了双方的意思。

主持人：翻译这个事儿或许有点小了，但它的意义非常重大。

杨成欢：是的，我在跟法官翻译的时候，也会讲到一些爷叔所在区域的情况，方便法官去判断案件情况。最终，法官给了爷叔一个合理、合法的建议，爷叔比较满意地离开了，也对我表示了感谢。最有趣的是，我们的法官突然之间也对上海方言产生了兴趣，他也知道，之后可能还会遇到从上海来的当事人，所以想向我学。这两年期，他还是学得不错的，可以说，现在他的上海话也是"乓乓响"了。

主持人：我听说还有一次，你的陪护工作也让人非常动容。

杨成欢：那一次是临近下班，我们在清场的时候发现有一位老人仍坐在那里，大概不到80岁。我们发现这个情况之后，就与接待的法官了解了一下情况。法官说，这位老人的儿子把她带到这里，咨询过后，借口出去拿一份文件，就再没回来。

杨成欢与同事送阿婆回上海

我们马上把这个情况向上级做了汇报。因为临近下班，考虑到老人的状况，我去给她送了杯茶水，同时也向公安机关寻求了帮助，希望能联系上他的儿子，尽快把老人接回去。但是我们试过各种手段，他儿子的手机打不通，住宿的酒店已经退房。出于职业本能，我大致明白了是什么情况。我们把这些情况反映给上级之后，考虑到老人是上海的，家也在上海，可能没有出来过这么长时间，而且年纪也比较大了，所以决定把她护送回原籍。我作为上海人责无旁贷，就和另一个同事承担了这个任务。

主持人：张院长，南京也有法警，三巡为什么要从上海抽调法警?

张新：三巡的管辖范围包括江苏、浙江、上海、福建和江西，这些地方方言很多。如果当事人去三巡参与诉讼，方言可能会对案件审判带来诸多不便，三巡从这些地方抽调干警，有方便工作的考虑。刚才成欢也提到了，他做了非常好的翻译工作，使这个案件得以顺利进行。

主持人：有网友留言："从古至今贯穿历史，司法工作和老百姓之间的主线，其实就两个：'讲故事和说道理'……故事千变万化，有时候也会百转曲折，像一个螺蛳壳那样难进……但是它最终考验的不是用法律武器打破故事的技巧，而是把人从中带出来的能力。带到哪里，把谁带过去，要带到法治的社会里，把道理带过去。"张院长，您怎么理解老百姓的这一段心里话呢？

张新：这位听众提的问题非常好，我觉得也非常专业。我对这个问题的理解是这样的，我们常说，法律是永远落后于实践的，我们的实践丰富多彩，随着经济社会的发展，矛盾纠纷也会以各种形式出现，所以法院在这个方面肩负的职责和使命就显得尤为突出。从我在法院20多年的经历来看，要成为一名有水平的、老百姓信服的法官，恐怕要处理好天理、国法、人情这三者之间的关系。如果法官机械办案，就法论法，不管人情，没有司法的温度，这样的法官就不是一个好法官。所以我觉得，作为一个有水平、有情怀、有温度的法官，他（她）会很好地处理天理、国法、人情之间的关系。处理好这样一个关系，老百姓的纠纷就可以得到圆满化解。

主持人：张院长，我能把"天理"理解为法官心中的良知吗？

张新：可以的，您这个理解太对了。西方有句法谚："法是善良与公正的艺术"，这个善良就代表了良知。习近平总书记在不同的讲话中也经常提到，我们司法工作者特别是法院工作者，要保持司法的良知，这个良知和善良是可以画等号的。司法是法与情的融合，不能够偏重一方，只讲良知不讲法律不行，只讲法律不讲良知也不行，这是一门平衡的艺术。

我就要做一名"大法警"

主持人：杨科长，你到最高人民法院三巡工作的时候，有没有遇到过一些特别难的事儿？那些事情你以前在上海市第二中级人民法院都做过吗？

杨成欢：有些是做过的，但绝大部分没有做过，是比较有挑战性的。如果问我有什么特别难的，我觉得万事开头难，开头的挑战对我来说是非常难的。我到三巡一个月的时候，队长就给我压了副担子，三巡要公开开庭审理第一起案件，有庭审就需要司法警察进行警务保障。如何保障这一次庭审，怎样制定方案，当时的队长把这个重任交给了我。我在上海市第二中级人民法院的时候参加过很多庭审保障，这些经历给我打下了坚实的基础，所以我也非常愿意去接受这次挑战。对于我来说，去三巡就是去学习一些新的知识，迎接一些新的挑战。

接下这个任务后，我立马想起了我的"娘家"——上海市第二中级人民法院。我赶紧跟上海市第二中级人民法院法警支队的值班队长联系，讨教一些经验，例如旁听区要设置多少人，法庭的审判区要设置多少人，还有需要设置哪些岗位，等等。然后，我自己也去实地体验了一下，模仿当事人要经过的流程：过安检，走当事人通道，再到法庭。根据值班队长提供的经验和方法，以及我自己实地模仿的感受，最后顺利制定了方案。

主持人：能再给我们说一件你处理得比较棘手的事情吗？

杨成欢：我当时刚去不久，在执勤的时候，突然有一个当事人抽搐倒地，可能是因为情绪上比较激动，而且天也比较冷。我发现这种情况之后急忙赶过去，但我没有急救知识，好在队长及时赶来，通过压当事人的舌板、解开衣领、把当事人侧向一边等操作，使当事人慢慢地恢复了意识，在场的其他人看到之后都纷纷鼓掌。这件事触动了我，之后通过系统的学习，我现在已经有了应急救护的资格证。

主持人：黄警官，你跟杨科长熟不熟悉？

黄楷：我跟杨成欢是同龄人，是同学也是同事，我们非常熟悉。记得在警校读书的时候，他给我的感觉就是一个"海阔天空"的人，他特别喜欢畅想。以前在警校，每天熄灯之前大家都喜欢聊天，然后就会听到他在侃自己的理想和抱负。有一次，我们聊到司法警察这个话题，都觉得司法警察队伍体量比较小，不容易做出轰轰烈烈的成绩，与其他警种不太一样，很少有工作上的挑战。但是，杨成欢听到就很不服气，他觉得他要当上海法院司法警察的形象代言人，要做一名"大法警"。

主持人：法警工作有非常浓墨重彩的分量。

黄楷：是的。杨成欢在警校的时候还有一个习惯，就是喜欢到不同的专业去串门，然后淘回来很多其他专业的学习资料，例如刑侦、监管或者治安等。我们那时候觉得他有点"不务正业"，但是他对此却很开心，甚至可以说乐此不疲。除此以外，他也很喜欢去找教官们畅聊。

主持人：这就是所谓的"工夫在诗外"，对吧？那么，他到处去涉猎的做法，有没有派上用场呢？

黄楷：到了上海市第二中级人民法院以后，他当时那些"海阔天空"的想法都慢慢落了地。例如，我们法院最近正在进行"我为群众办实事"活动，为此法警支队开会讨论要增加一些便民利民的措施。当我们讲到要在服务窗口新增一些意见箱时，杨成欢就提出了一个新的建议，他认为现在已经是21世纪了，很少有人会去写纸质的意见，所以我们完全可以通过小程序、二维码，设立一个网上意见箱，不仅能方便群众提出意见，也方便法警支队进行数据采集。我觉得这个办法非常不错。

主持人：但是，有一些老年人会不会跟不上法院的智能化呢？

黄楷：说到这儿，我想起了一个例子。因为现在是疫情防控期间，很多当事人来法院需要核对两码，但是有些老年人不擅长使用智能手机。杨成欢想到了这个问题，他觉得是否可以提前把法院的防疫要求

杨成欢

告知他们，让他们去当地的社区开具证明，这样能大大提高法院核对两码的效率，这恰巧也与上级的疫情增补措施不谋而合，让我们不得不佩服杨成欢的一些思路确实走在了前面。

主持人：杨科长是不是获得了一些荣誉？

黄楷：是的，他回来以后，收获了上海市第二中级人民法院"十佳青年"的提名，也成了我们法警支队的形象代言人。我觉得他离自己"大法警"的梦想越来越近了。

靠近你、学习你、成为你

主持人：张院长，上海市第二中级人民法院选人去三巡锻炼，应该是有标准的吧？

张新：回答这个问题之前，我还想补充一点背景材料。司法警察到底是干什么的？它与人民警察到底有没有区别？我们的司法警察是人民警察的一个警种，人民警察包括司法警察、狱警和大家平常所说的公安。司法警察肩负的任务是维护审判秩序、保障法院安全、服务人民群众。之前，司法警察在社会上没有受到多少关注，大家不是很了解。但是这几年，我有一个非常惊喜地发现，越来越多的热血青年加入到了司法警察的队伍，包括今天参加节目的杨成欢同志和黄楷同志。上海市第二中级人民法院还有一位司法警察，让我印象非常深刻。2010年世博会召开的时候，一位同济大学土木工程专业毕业的热血青年看到了法院司法警察的形象和所为，毅然加入了我们法院司法警察队伍。我问过他，吸引你的到底是什么？他觉得一方面是戎装，穿上以后英俊潇洒；另一方面，也是心中朴素的公正，维护社会公平正义的情怀。与之类似，这两年不少名牌大学毕业生加入了我们法院司法警察队伍，他们中有学英语、建筑、文学、戏剧的，可以说是"藏龙卧虎"。

主持人：典型的"靠近你、学习你、成为你"，对吗？

张新：对，这个群体非常有战斗力，也非常有朝气。现在来回答主持人的问题，成欢同志借调到三巡，不仅是代表我们上海市第二中级人民法院的形象，而且也代表上海法院的形象。组织挑选有一个严格的标准，成欢除了政治过硬、业务过硬、素质过硬之外，我还归纳了他的5个优势，我把他暂且归为"五有人才"。

第一个叫有勇气。我们在挑选法警去最高人民法院三巡时，就了解到成欢不止一次主动请缨。更为难得的是，他的父母也打电话找组织表态说，家里完全支持成欢到三巡去，所以我觉得勇气可嘉。习近平总书记经常说，年轻同志要到广阔的天地中去、到基层去、到艰苦的地方去，成欢做到了这一点。

第二个是有底气。成欢本身是上海人，过去以后可以做翻译，可以给来自上海的当事人做沟通的桥梁。另外刚才我们黄警官也提到了，成欢本身非常优秀，在学校的时候各个方面的能力都很强，到了法院之后，警务工作能力也很强，对法院其他部门的工作也都很熟悉。他既然敢去，他就要有真本领，没有高强的本领是不敢去的。

第三个是有才气。成欢同志能文能武，他既能演小品，还能唱歌。刚才也提到了，他是我们上海市第二中级人民法院"十佳青年"的候选人。

第四个是有朝气。成欢非常阳光，他性格很随和，非常容易与群众打交道，这一点是难能可贵的。

第五个是有英气。他穿上警服以后特别英俊潇洒。

主持人：上海市第二中级人民法院是如何培养法警的呢？

张新：我想到习近平总书记多次寄语青年："有信念、有梦想、有奋斗、有奉献的人生才是有意义的人生"。上海市第二中级人民法院高度重视青年法警，我自己大概归纳了一下，有以下几项措施：第一个就是压担子，急难险重的工作青年干警上。我们法警支队有个口号："我是党员跟我冲，我是队长跟我来"，我觉得这个非常好。第二个是铺路子，我们对外是借调，对内有挂职锻炼以及在三级法院系统内部的交流锻炼。第三就是搭台子，根据他们的特长给他们工作的平台，找一些课题给他们展示的舞台，另外还有依据他们的业绩给他们荣誉的平台。总之，让这些年轻有为、想干事、能干事、干成事的人充分涌现，为我们的司法事业增添力量。

主持人：张院长，有网友问："我能不能这样理解，'天理'其实是那个'道'？"

张新：这个问题有点难啊，"道可道，非常道"，我觉得"道"可以理解为一个朴素的正义观，就是任何事情都有是非曲直，我们都可以做出一个评判，它到底是正确的还是错误的。而我们经常讲天理自在人心，这个事情到底是正确的还是错误的，总归有一把尺子可以衡量。

（杨成欢　整理）

幕后心语

郭　燕

这次采访给我印象最深的就是，"你在上级法院学习，到底在学什么?"我们一直认为学的是一些技能,当然刚才杨警官也介绍了,他学到了很多的技能,但是我采访他以后,觉得他对职业理念有了更深的了解,例如安检工作,虽然杨警官在学校时学到了很多,但是去三巡的时候,上级给了他一项任务,让他设计安检场所,并且完成相关的建造工程:安检的摄像头要怎么装,安检的流程怎么布置,安检的这些电控电板要怎么弄。既要保证法院的安全,又要确保当事人的便利,这个其实就是司法为民更深刻的体现。

杨警官从安检措施的使用者变成了设计者,对这个理念也有了更加深入的理解,这又反哺到了他在上海市第二中级人民法院的工作,我想这也是上海市第二中级人民法院送他去学习的目的之一,让他在这种学习中不断地理解自己的职业,到底什么是法警?怎样做好法警?法警职业的灵魂是什么?这是很有意义的一件事。

网友留言

@闲云＿WX1177854:法警不仅是审判工作中的重要成员,而且还是一支不可或缺、不可代替的司法保障力量。法警参与审判活动,履行自己的职责,不仅是为了保障审判活动的顺利进行,而且更是为了维护法律的尊严、审判的权威和国家的形象!向献身于崇高的人民司法事业的人民警察致敬!

@荷花美:法警们很辛苦,为做好公平公正付出了很多,用善良和法律规则为民处理事情。向法警们致敬点赞!

报道精选

三巡建设里的上海"勋章"[1]

文/廖丽君

借调最高人民法院第三巡回法庭（以下简称三巡），经历了哪些心路历程？参与安检场所改造，有了怎样的"设计师"心得？打造司法警察人才梯队，怎样选好人才、用好人才、管好人才？

"家门口的最高法院"

三巡是最高人民法院派出的常设审判机构，2016年在南京市挂牌成立，主要管辖江苏、上海、浙江、福建、江西五省市范围内的重大行政和民商事案件，是全国六个巡回法庭之一。

同年12月，由于三巡建设需要，需向辖区法院借调优秀法警，上海市第二中级人民法院法警杨成欢成为其中的一员。刚到三巡时，一切都和杨成欢想象的不大一样，三巡的硬件没有想象中的"高大上"，他的工作也从"警务"拓宽到"警务＋勤务"。

起初，杨成欢不太理解队长说的"勤务"是什么意思，就根据自己的理解，每天在执勤间隙扫地、擦桌、打水、搬东西，保洁阿姨跟他开玩笑："小伙子，你抢我饭碗了！"

一天执勤时，接待法官急匆匆跑出接待室，冲杨成欢不停招手，"成欢快来，有警情！"杨成欢赶忙快步冲了过去。

原来，接待室来了位上海爷叔，一口上海话，法官对了半天书面

---

[1]　廖丽君:《三巡建设里的上海"勋章"》,上海市高级人民法院微信公众号"浦江天平",
2021年12月6日。

材料就是搞不明白爷叔的意思。爷叔越讲越急，说得面红耳赤，法官也听得冒汗，还是云里雾里，只好找到杨成欢做救兵。杨成欢给爷叔和法官当起了翻译，终于帮忙把事情解决。事后，法官跟他学上海话，两年下来，"讲得老好嘞"！

还有一次临近下班巡查时，杨成欢发现，一位80岁左右的上海老阿婆孤零零地坐在法庭上，周围没人看护。他记得阿婆是和儿子一起来的，问她情况，老阿婆却什么也不肯说。后来还是接待法官告诉杨成欢，老阿婆的儿子借口外出，把她留在了法庭。

杨成欢和同事先给阿婆端来饭和茶水，再一点点开导她，慢慢知道了她儿子的住宿宾馆，但是却发现已经退房了。考虑到老人年龄较大，留宿照顾存在风险，三巡决定派人将老人送回原籍地。

作为三巡里的上海人，杨成欢责无旁贷。当时时间已晚，最后一班高铁也快要发车，于是他和同事带着阿婆开始"争分夺秒"，在长时间步行、上下台阶的地方都背着老人走，紧赶慢赶，到达火车站时已经满头大汗、气喘吁吁了，但总算是赶上了最后一班高铁。

高铁发动后，杨成欢的心定下来，这也是他来南京后第一次回上海，一转眼已经离家五个月了。

怅惘和喜悦交杂的心情没有持续太久，杨成欢注意到，阿婆的情绪有点烦躁，他便做起了心理疏导师，亲切耐心的乡音让老人慢慢平静下来，在两位法警的身边，安心地进入了梦乡。

列车继续驶向上海，终于回到家时，阿婆露出了开心的笑容，不停地对杨成欢和同事表示感谢，一直念叨着："小伙子，你们不错的！"

后来，阿婆的儿子依法得到了应有的惩戒，杨成欢也逐渐开始理解了"勤务"的意思。

"勤务就是让我当好老百姓的勤务兵。在工作中不仅需要警察执法刚性的一面，更需要对群众有柔性的一面。"杨成欢说。此后，他不光做翻译、陪护、心理疏导师，还做群众的导诉、亲人。老百姓需要什么，他就做什么。

他渐渐理解了最高人民法院抽调不同地方人员来到三巡的原因——让大家听家乡话、见家乡人、感家乡情，使"家门口的最高法院"有更多家的氛围、家的元素。

有网友在听完故事后留言道："咱们老百姓不是不讲道理，只是看不懂怎么会是'这样一个理'？所以执法者必须进到那个充满迷雾的故事中，帮人民找回道理……最终考验的不是用法律武器打破故事的技巧，而是把人从中带出来的能力。"

"法律是永远落后于实践的，而实践又是丰富多彩的。随着我国经济社会的发展，矛盾纠纷会以各种形式出现，所以法院肩负的职责和使命就显得尤为突出，"上海市第二中级人民法院副院长张新就此分享了自己的感受，他认为从自己20多年的工作经验来看，"一个真正能让老百姓信服的法官，要处理好天理、国法、人情这三者之间的关系"。

从"第一槌"挑战到专业救护师

三巡的警务不比勤务容易。杨成欢刚到三巡不久，三巡警队的队长就给他"压担子"——为三巡"第一槌"制定警务保障方案。

三巡"第一槌"是三巡第一个公开庭审，受到各方关注，十分重要。队长相信有压力才有动力，就把制订方案的任务交给了杨成欢。杨成欢一开始有点担心，觉得自己只是参加过庭审保障，没有制订过庭审保障方案，但最终还是决定顶住压力上。

他马上同"娘家"——上海市第二中级人民法院司法警察支队讨教经验。"娘家"的老法警非常给力，将法庭设置、警力分配、换班频次等都一一给他讲清楚。在综合"娘家"经验和自己的参与心得后，杨成欢完成了方案。

当时进三巡法庭需要坐电梯，但电梯只有一部，载重人数也有限，如果不精确控制，势必造成等候者聚集在电梯口的情况，造成安全隐患。因此，杨成欢又组织了模拟演练，模拟参加诉讼人员从进到出的整个过程，预估人员从进入安检至到达法庭的时间，从而精确保障安保流程顺利进行。

换证环节需要根据人员情况分类，杨成欢也用了"娘家"的方法，用吊牌颜色区分律师、旁听群众、媒体记者等不同类型，不同身份不同颜色，一目了然。

"第一槌"开庭当天，方案顺利执行，杨成欢悬着的心终于落了下来，默默为自己完成三巡的第一个挑战而高兴。他觉得，自己更敢突破了，也更有胆量了。

但三巡的警务工作不止需要胆量，广泛的知识面和多样化的技能，一个都不能少。

在三巡工作之初，当事人问交通、问住宿、问流程，作为导诉的杨成欢，常常是一问三不知。有时当事人还情绪激动，他就更不知道从何入手了。

有一次，一位来访人员突发癫痫，倒地后肌肉僵硬，口吐白沫，抽搐不止，杨成欢在现场值班，有些手足无措，好在闻讯赶来的三巡警队队长有条不紊，一边安排疏散围观人群，一边救助当事人。压舌板，松衣领，将病人头偏向一侧，刺激穴位，整个急救流程一气呵成。

病人慢慢恢复正常，人群中响起热烈的掌声。但杨成欢清楚地记得，自己心中久散不去的愧疚。

从此，他将大把的业余时间花在提升知识储备上，床头各类专业书籍越堆越高。2020年，杨成欢正式通过专业机构的考核，取得了应急救护资格。

上海市第二中级人民法院司法警察支队急救专项培训实操训练之一——
心肺复苏术CRR场景

小警种　大作为

"他想成为上海法院法警的形象代言人。"

杨成欢的同学兼同事黄楷说，杨成欢在警校读书的时候就是个"海阔天空"的人，特别会畅想，经常能听到他侃自己的理想和抱负。虽然同学们调侃他胖乎乎的形象蛮适合做"吉祥物"的，他也没有气馁，经常从其他专业"淘"到关于治安、刑侦、监管方面的资料进行学习，乐此不疲。

成为一名司法警察后，杨成欢仍然一步一个脚印地朝着自己的理想靠近。2020年，杨成欢获得上海市第二中级人民法院第二届"十佳青年"提名，成了上海市第二中级人民法院警队的形象代言人，离梦想越来越近。

与此同时，他的工作思路也越来越开阔。在一次"我为群众办实事"实践活动中，他将信息化建设理念融入法警工作中，建议用小程序二维码的方式设立网上意见箱,不仅方便群众,而且也方便警队采集数据。

疫情期间,他又提出将法院的防疫要求告知群众,让不擅长使用智能手机的老年人能够提前去社区出具书面证明,实现了疫情防控从法院院门到当事人家门的"全链条"服务。

借调三巡的法警不只代表上海市第二中级人民法院的形象,还体现着上海法院的作风素养。当初,经过组织考察,有勇气、有底气、有才气、有朝气、有英气的"五有"青年杨成欢获得了这个宝贵的机会。

上海市第二中级人民法院司法警察支队

张新对此解释:"有勇气就是敢于到更广阔的天地去磨炼;有底气就是各项警务能力扎实;有才气就是能文能武,会唱歌、能演讲、演小品等;有朝气就是个性阳光、待人随和;有英气就是英俊潇洒、有浩然正气。"

事实证明,他(她)们的选择是对的。后来张新去三巡慰问,三巡的领导和同事们都对杨成欢的学习态度、专业能力和工作实绩给予了高度评价。

张新介绍，在青年人才的培养方面，上海市第二中级人民法院出台了《青年优才培养选拔工作实施意见》，在原则上、条件上、程序上、管理上都进行了系统安排。司法警察支队结合自己的专业特点又形成了相应的实施细则，从导师制、建档跟踪培养制、个性化培养评议制等各方面展开。

警队工作职能多，现代警务也对法警的多专、多能提出要求，上海市第二中级人民法院注重多专、多能的培养，通过"压担子、铺路子、搭台子"相结合的方式，让更多想干事、能干事、干成事的人才涌现出来。"压担子"就是在急难险重的工作任务前有意识地锻炼年轻干警，浓厚"我是党员跟我冲""我是队长跟我来"的干事氛围。"铺路子"是指通过借调至最高人民法院、院内相关部门挂职锻炼、全市三级法院定期交流等方式，帮助青年干警开眼界、提能力、增才干。"搭台子"则是根据干警们的特长搭建展示舞台，确定重点课题设定工作平台，依据工作实绩给予他们荣誉奖台。

上海市第二中级人民法院周密的培养制度和良苦用心让网友们很是动容，网友"chencheng"表示："法院院长责任重大，压力如山。带好一班人，管好一班人。让法警在各自岗位上发挥光和热。用好人才，管好人才，是他们责任所在。"

家与"勋章"

家的概念，在杨成欢心里有了改变。

在三巡的两年，除了逢年过节，杨成欢不太有机会回上海。有时，即便逢年过节，如果轮到他值班，也回不了家。想家的时候，他就给父母打个视频电话，看看他们，也让他们看看自己。

但后来，他想得更多的是上海市第二中级人民法院这个"娘家"。

在上海市第二中级人民法院工作的两年里，司法警察支队对年轻干警高标准、严要求，这些积淀是他能够顺利完成三巡锻炼的重要原因。

但更重要的是，他在三巡期间，"娘家"从未改变的默默支持。

"我能够在三巡的建设里献一份力，这不是我一个人的'勋章'，是上海的'勋章'。"杨成欢说。

可回到上海，他又常想着南京三巡的家。

三巡让他从一个羽翼未满的警校毕业生，成长为一个头角峥嵘的干练法警，让他更加理解了这身制服背后的意义。

现在，对法警工作有了更深了解的杨成欢回到上海市第二中级人民法院，成了司法警察支队副科长，用实际行动践行着司法为民。

2021年七月，他加入了中国共产党，在中共一大纪念馆，面向鲜红的党旗，举起右手庄严宣誓："为共产主义奋斗终身，随时准备为党和人民牺牲一切！"

杨成欢等人面向党旗庄严宣誓

荣誉清单

杨成欢

2017年上海法院系统个人嘉奖

2020年市级机关个人嘉奖

黄　楷

2016年上海法院系统个人嘉奖

2019年上海法院系统个人嘉奖

2021年市级机关个人嘉奖

捌

磨刀石，架构师

如果，你是湖水
我乐意是堤岸环绕
如果，你是山岭
我乐意是装点你姿容的青草

——汪国真

孟 辉

男,60岁,上海市高级人民法院法警总队指挥中心办公室原主任,从事司法警察工作20年。

司法警察工作彰显着作为国家机器的强制力,必须把司法警察队伍建设成一支对党绝对忠诚的职业化队伍,以严明的纪律性和规范的执法行为,实现为民服务的根本宗旨。

——孟 辉

向 望

　　男，32岁，上海市浦东新区人民法院司法警察支队副大队长，从事司法警察工作8年。

　　深耕司法为民，本身就是一项看似平凡却很伟大的大事业。于我现在而言，做好眼前每件小事，便是对司法警察这一身份最好的交代。

——向　望

对 话¹

电台节目合影

没有白磨的刀

主持人： 严科长，今天给我们带来了怎样的故事？

严剑漪： 第八期比较特别，有点像揭秘。我们之前从很多角度介绍了法警的工作，法警为什么能够做好那么多工作呢？这一期想给大家介绍一下"情显员"角色，以及我们法警队伍的"魔术师"。我很希望听众朋友来听一听他们的故事。

主持人： 向队，情显员是做什么的？

---

1 电台访谈时间：2021年12月10日；图片摄影：奚晓诗、向望、叶人杰等。

向望："情显员"的全称是情况显示员，负责在我们实战化训练中辅助教官教学、模拟实战情景，以及帮助学员学习和训练，因为在全市法院司法警察实战化训练活动中，贴近实战的情景模拟占了非常重要的一部分。这么说可能有点抽象，我举个例子，我们在课上模拟过一个醉酒当事人强闯安检口的场景，由一名"情显员"模拟醉酒当事人，其他"情显员"扮演围观、闹事的群众。我们构建了这样一个环境，就是让学员们观察醉酒当事人的特点，例如情绪比较激动，等等，同时让学员们把他（她）们学到的本领，在这个环境当中反复地训练，实现训练的最佳效果。这种情况在我们的日常工作中并不是每天都能遇到，只有这样有针对性的反复训练，才能在情况真的发生时，不会紧张、不会犯怵。

主持人：你们是真刀真枪地去练吗？如果真刀真枪地练，是不是挺危险的？

向望：真刀真枪练危险性是肯定存在的，但是我们更愿意把危险

上海市浦东新区人民法院实战化训练

性控制在可以掌握的程度里面。因为作为一名"情显员",你必须要对自己将要训练的科目,每一个环节、每一个细节都非常熟悉,这样才能预见到哪个环节可能存在安全隐患,并提前进行防护。当然,我们的防护其实也是在理想状态下的防护,毕竟实战对抗的时候,大家都知道"拳脚不长眼",磕磕碰碰是很容易发生的。

主持人:你们感受过哪些"真刀真枪"的情景,印象比较深的是哪幅画面?

向望:印象最深的应该是我们今年培训班上组织的一节课。这节课讲的是常用单警装备综合使用,课上主要教我们如何更安全、规范、有效地使用警械装备,其中就涉及警用的催泪瓦斯。

主持人:什么是"单警"?

向望:"单警",顾名思义就是一名警察。我们的装备分单警装备和警组装备。那节课涉及催泪瓦斯的教学,催泪瓦斯有一个特点,就是刺激性很强,它会刺激被使用人的呼吸道和眼睛,我们就是通过这种特性,在执法当中控制执法对象的行动能力以及感官,但是正因为它有这样的特性,司法警察有时候也会受到影响。

主持人:那你们训练的目的是什么呢?

向望:在我们以前的大部分训练中,都会用催泪瓦斯训练液,那是一种无色无味的液体,像白开水一样。事实上,用真的催泪瓦斯训练,对我们的身体是会有一点影响的。我们之所以会用真的催泪瓦斯训练,就是要让一线的法警感受催泪瓦斯的效果到底如何,喷射出来的有效距离,以及人能在多大限度内承受,从而保证他们在执法过程中,不至于使用的时候心里没有底,出现紧张或者说不敢用等情况。

主持人：当你们真刀真枪地去感受催泪瓦斯，而不是用替代液的时候，有什么感受？

向望：当时我既是这节训练课的技术教官，又是"情显员"。我们选择了一个10平方米左右的小教室，提前在里面喷了很多瓶的催泪瓦斯，就是要保证催泪瓦斯在房间的浓度足够高，然后我们在里面扮演持械抗法的对象，让警员执行一系列流程，进来把我们制服。在这个过程中，虽然我们提前会有防护措施，像戴护目镜、口罩等，但是催泪瓦斯的威力还是非常大的。

主持人：你刚才说了一句很重要的话，就是"喷了很多的量"，这是让我们的警员能充分了解催泪瓦斯的特点，确保真的使用时别伤了群众，对吗？

向望：是的，当时有很多学员是很抗拒的，觉得里面太浓了，吃不消，我们就跟他们说："你们一定要去试一下，只有亲自感受了，在里面被呛到了或辣到了，有了很难受的感觉，才能在使用的时候掌控你们的装备，而不是被你们的装备给掌控。"

主持人：听下来，"情显员"的工作有点像球队的陪练。当然，你们也是教官，给他们出题目、培训他们的。

向望：是的。这种陪练的工作，我们也会经常参与，例说在徒手防控课上，我们要训练学员徒手控制的一些技术动作，以往的常规训练可能就是两两配对自行学习和体会，但现在是实战化训练，我们就不这么操作了，而是作为"情显员"亲自上场，让学员们来控制我们。我们有配合的也有不配合的，各种情况都会有，但学员们一定要切实地将我们控制住。这个控制其实对我们影响挺大，因为只要你动作到位、发力到位，每控制一下，我们手上都会留下淤青。我们为什么这么做呢？因为只有被他（她）们控制的时候，我们才能真正地、最直观地感受到他（她）这个动作到不到位、发力是不是很迅猛、痛点找得准不准，才可以更好地去纠正他（她）们的动作，确保他（她）们在执法过程中，这些动作能切实有效。

主持人：所以你们可能常说："不对，你这没感觉，再来重点！"但是实际上还是很痛的，心里不希望他（她）下手那么重，但是为了感觉到位、有实效，就得有这个效果。

向望：对，我们越痛，说明他（她）们练得越到位、越认真。

主持人：这真是"光说不练假把式"，得有实操，对吗？

向望：对。有时候我们也会让他（她）们来体验一下，他（她）们只要被我们控制痛了，他（她）们就知道了，然后再来复习，反复地模拟。

魔术师，架构师

孟辉

主持人：孟老师，您在司法警察这个岗位上工作了20年，刚刚退休，听说以前和"情显员"去基层法院考司法警察，他（她）们还是蛮有压力的。您是怎么考他（她）们的？

孟辉：我觉得他（她）们应该有压力。因为我们有定期的检查和不定期的抽查两种方式，通过正面的表扬和反面的通报，以促进他（她）们的安检水平和能力。从这个角度来说，我是比较老的"情显员"了，很多事情我都是直接、想办法去参与，例如我去抽查暗访某一个安检岗位，我要混进去而不是闯进去，硬闯会碰到一些手段阻止我，包括刚才说的催泪瓦斯，但是我得想办法混进去。我混进去的目的也很简单，要么我的身份不合格，要么是我身上藏有一些违禁物品。我在混进去的过程当中，既想混过去，又希望他（她）们能够查出来。他（她）们查出来了，说明他（她）的技术水平到位了；如果他（她）们查不出来，这就是一个反面教材，在下一次培训的过程当中，让他（她）们更有着重点。我们很多次把违禁品藏在衣领里、腰袋里和鞋垫下面，经过了一段时间，他（她）们熟了路子，知道了要查哪些点，那我们还得动脑筋，得换方式，例如藏在包里。我定期去查的时候，就曾明确告诉安检法警："这包里有五件，你能查出来不？"看看他（她）能查出几件。

主持人：之前节目中，有司法警察讲过，他通过仔细观察、检查，发现来访人员在鞋垫里藏了缝衣服的针。我想正是因为他（她）们在演练中碰到过，真刀真枪去解决问题的时候才能那么敏锐，您的价值就体现出来了，没有白磨的刀，您自豪不？

孟辉：当然自豪了。我们查出来的东西会收集起来，通过展板把它们固定。我们做了四个展板，全是各种刀具，有大的，像菜刀，这一眼是能看出来的，也有那种小的，还有一种是伪装成卡片的。

主持人：孟老师，你们整个团队就只做"情显员"工作吗？

孟辉：不是的。我们整个团队都是兼职的，我们来自基层，因为要有过硬的基本功以及基层的工作经验，才能了解我们警员需要去练哪些东西，不能凭空想象要练这个练那个。这样在工作中碰到问题了，我们就能有针对性地去解决问题，这就是我们实战化练兵的意义。

主持人：孟老师，能不能讲一个您和"情显员"去考他（她）们赢的例子，再讲一个输的例子，看看是怎样迭代升级的？

孟辉：好的。一开始是我自己亲自去扮演"情显员"角色，过了一段时间之后，做安检工作的人员都熟悉我了，我已经不能暗访了，然后我们就琢磨着组建一支队伍，队伍成员来自全市各个警队的法警。我们专门组织他（她）们培训，模拟当事人或者是想闹事人的心态，或者是让他（她）们动脑筋，怎么混过去。经过培训，"情显员"工作也是卓有成效的。查不出来的时候较多，有时候有三件但只查出两件，有一件就死活查不出来。还有一些时候，法警们反反复复地在那里查，甚至超过了两分钟检查时间，就是查不出来。"情显员"混过去之后，掏出来给他（她）们看，他（她）们心服口服，然后我们记录在案，之后在培训中加强。

我记得有一次挺有意思的，我们是怎么混的呢？有一个女"情显员"去一家法院，这家法院平时安检的水平和能力都很好，在全市法院来说，应该是数一数二的水平。其实我作为幕后组织者之一，也不知道她把违禁物品藏在哪儿了。她过安检的时候，我们一个模范安检员说没有问题，最后拿出来给他看，东西就在情显员手心里。这是怎么一回事呢？那是个夏天，"情显员"手里拿着一张纸巾，用来擦汗，但纸巾是窝成一团的，里面放了几粒药片，安检员没有把纸巾打开，药片也属于不能带进法院的物品，它不像刀具可以探测出来，所以需要你察言观色。

主持人：说实话，是有点"狡猾"，这个"狡猾"要带引号，有点意料之外但又是情理之中，孟老师您觉得呢？

孟辉：对，这就提示他（她）们在以后类似的情况中，你不能把你的疑点单纯地放在金属物上。

主持人：对，例如我们女生带个耳钉，耳钉里头到底是空的还是装了啥东西，你们对这些东西检不检查呢？

孟辉：是要检查的，但是一定要确认耳钉是不是违禁品，因为违禁品是有范围的，不是说什么样的金属物品都不能带。

主持人：这个餐巾纸的事情我觉得有点冤，但是也心服口服，敲响了很大的警钟。

孟辉：这家法院的安检水平很高，我们一般想蒙混过关是不可能的，所以也是想了一些办法，促使他（她）们把眼界再提高一点，不能单纯盯在某一个方面。你刚才提到"压力"，他（她）们见到我们确实有压力，但是这种压力是为了促使他（她）们更好地去工作。司法警察为法院整体环境的安全做出了非常大的努力。刚才向望说到瓦斯浓度，我想做个补充，在训练的时候，掌握瓦斯浓度是我们的主要内容之一，其实还有另外一个重要内容，就是一旦受到催泪瓦斯的影响，尤其是眼睛受到了这种刺激，要怎么冲洗或者救护？在某种特殊的情况下，你用了催泪瓦斯，在控制局面之后，要迅速地去救护他（她），你不能让他（她）的眼睛长时间处在一种高烈度的刺激当中，要会帮他（她）冲洗，让他（她）尽快恢复，这个也是训练的课题之一，不仅要会用，而且要会救，这样才能控制好"度"。

"情显员"？架构师！

主持人：你们也有被发现的时候，关键是怎样迭代升级，以及怎么有的放矢地去培训呢？

孟辉：在早期的时候，法院安检工作并不是现在的样子。目前的状态是在上海市高级人民法院和上海各级法院领导的关心下，投入

孟辉与同事们

大量精力建立的安全、规模、系统的工作机制。我们这个部门过去叫"警政科"，后来更名为"指挥中心办公室"。今天也是一个特殊的日子，我们非常缅怀过去分管过我们法警工作的上海市高级人民法院原副院长邹碧华，他对我们法警工作的帮助很大。他的思维很活跃，眼光很超前，看到了当前的指挥现代化等内容，就要求我们整合全市法院法警力量。在他的主导之下，我们设置了警务指挥中心，同时也扩展了我们警政科的业务内容。

主持人：今天是邹院长的七周年忌日，他的"燃灯者"精神直到现在还在影响着那么多人，真的特别感谢他。

孟辉：我一口气看完了《邹碧华传》，看这本书我特别有代入感，因为里面的人物太熟悉了，都是我身边的人，再加上邹碧华副院长在分管法警时是我们的直接领导，他的工作作风对我影响蛮大的。

邹碧华

主持人：改名为"指挥中心办公室"以后，您作为主任，怎么个指挥法，能给我们分享一点故事吗？

孟辉：我们一开始设计出"指挥中心"的概念时，在全国来说还是蛮先进的，主要是依托一些现代化的手段，例如"可视、可听、可对话"。"可对话"实际上是一个指挥过程；"可视、可听"是收集情况。警务指挥中心的建设进步非常快，当时外省市来我们这儿学习的特别多。

主持人：您怎么培训我们的司法警察，包括"情显员"，可以举个例子吗？

孟辉：他（她）们私下说我是训练场上的魔头，实际上我认为，在抓训练的过程当中必须要求严格，我培训他（她）们要像"播种机"一样，必须交给他（她）们真本事，学员们也非常认真。

主持人：不是魔术师吗？

孟辉：他（她）们可能也是在夸奖我吧，我是按照"魔头"去理解，我在训练当中要求从来都是非常高的。起步很艰难，2004年，最高人民法院印发了《人民法院司法警察安全检查规则》，我们就开始研究如何结合具体情况落实。当时上海法院面临几个困难：第一个困难是场地，截至目前许多法院还存在这个问题。法庭都那么紧张，还单辟出一个通道来进行安检，好像不太合理。第二个困难是安检的人员从哪里来，如果安检人员什么都不会肯定不行，所以，我们先培训他（她）们，这一步也是拓荒的过程。我们当时与浦东机场安检护卫公司联系，由其出师资力量，我们去公司培训，效果非常好。

我记得2008年的时候，要培训全市法院的一些精英骨干，当时有两个同志已经在训练中中暑晕倒了，我要求他（她）们该看病就去看病，该休息就去休息，但剩下来的人正常训练。因为只有这样子才能让他（她）们真正掌握一些本领，在工作中有更好的发挥。我们在训练过程中强调的是"训练多流汗，战时才能不流血"。

主持人：讲得真好，孟老师，我觉得您在这个岗位发挥的作用就像一个架构师，您觉得这个评价中肯吗？

孟辉：应该挺形象的。我们不是IT行业架构系统的架构师，只是从人才、人力和制度方面进行架构，我们确实是有预想、有过程、有成果、有成效的。从这个角度，对应"架构师"这个概念，我们应该是当之无愧的。

"人民警察"中"人民"的分量

主持人：如果要总结司法警察最重要的品质，您会怎么来定位？

孟辉：我认为是忠诚，忠诚应该是我们很重要的信念和信仰。只有以忠诚为基础，你才能勇往直前，有充分的责任感。因为司法警察可能一辈子都碰不上一次突发事件，但是你碰上一次，那就是很要命的。我举个例子，我们某个法院的当事人，他对判决结果不理解，法官的解释也听不进去，幻想着用极端的方式来向法院施加压力。那天，他带了一瓶汽油，手里还拿着打火机，到法院门口吵闹半天，跟他解释也没用。他突然间就把汽油浇在了自己身上，然后举起打火机就要点。在这一刹那，我们一个法警一个箭步冲上去，把他双手抱住，夺下他的打火机。实际上，这个时间非常短暂。这种极端的事情虽然不多，但是碰上这一次，就要保证能够把它处理掉。我觉得这是一个非常好的例子。假如这位法警没有对党的忠诚，没有一种高度的责任感和责任心，他可能会犹豫，后果可能就不堪设想。我后来问他，冲上去时在想啥？他说没想什么呀，我就是想把他控制住。我说，你不害怕吗？他说，现在想想，有点害怕，他身上都是汽油，我把他抱住的时候，我身上也沾上了汽油，打火机一旦打着了，可能我们两个就都完了。事后回想令人后怕，但是在极端突发事件发生的过程当中，毫不犹豫，我认为这个品质应该刻在法警的骨子里。

主持人： 向队，做了7年的司法警察工作，包括"情显员"的工作，展望未来，您对自己的要求是什么？

向望和同事们

　　向望：初入警队的时候，我很喜欢这身警服，感觉特别帅、很威风。通过7年的磨炼，在各种各样的工作和为人民办的小事中，我慢慢体会到"人民警察"前面"人民"二字的分量。现在，我希望今后的从警之路能够做好当前的事情，不愧对我身上的这身警服。

（刘鲁豪　陈卫峰　整理）

幕后心语

郭　燕

　　"情显员"工作是司法警察实战化训练的一部分。为什么要实战化训练？因为我们的所有理论付诸到实践都有一个前提，那就是出现了险情，但其实我们是不希望出现险情的，也极力去避免它。那么，在提高司法警察能力的时候，我们要通过实战化的训练来增加他（她）们的能力。我在采访的时候，向队就给我介绍了一个例子，是关于擒敌拳的，我想大家也看过我们法警练擒敌拳的英姿。向队当时说，他那时候经常独自练，练得滚瓜烂熟，但是让他靠这套拳去制服一个人，他心里是没底的，因为是自己一个人练。后来有了实战化练兵，他就加入了全国的培训，每天都是两个人贴身肉搏。通过这个训练，他知道了，原来打拳是要讲究节奏和心理的，有些时候要快，有些时候要慢，这些都要依据不同的情况而定。在这个基础上，他再去练这套擒敌拳，他突然发现擒敌拳是非常管用的，之前可能是自己没有领悟要点。后来，在他的工作中发生了两次事件，他就把擒敌拳用到了工作中，通过简单的拍打和压制，控制住了闹事的人。我想这个训练就是很有成效的训练，而在这个富有成效的训练背后，是很多像孟老师这样的设计者在为他服务。

刚刚孟老师也介绍了他的经历，我感受最深的是三个地方：一是他经历丰富，在"情显员"的概念还没出现的时候，孟老师就已经扮成突袭者去突袭一线法警了。二是他很有实战的意识，他把安检培训直接拉到一线去学。三是精益求精的努力。"情显员"制度从最初的概念到现在越来越完善、对抗程度越来越强，再到控制其不产生危险，这是一个不断完善的过程。

今天是邹院长七周年的忌日。早上，上海市高级人民法院推出了一个视频。视频里有这样一句话："初冬，久别重逢，我仿佛是过去的你，你笑着看现在的我。"通过节目，我们也知道孟主任已经退休了，但是向队成了警队培训的教官之一，我想这就是一种循环。"我仿佛是过去的你，你笑着看现在的我。"这句话也可以用来鼓励所有正在成长中的司法警察们。

网友留言

@chencheng：司法警察，维护着法院这一神圣之地的一方平安。他们不仅基本功扎实，而且对法律知识烂熟于胸。拉得出，打得响，是一支精干的人民警察队伍。他们给人印象是威武、庄严、两眼目光炯炯。有这样一支队伍，一切才能安然无恙。

@听友9213：日常生活是最好的"磨刀石"。打磨本领的锋芒和淬炼心性的光芒，都是为了完成脑海中那个轮廓的必经之路。钢好不好，锻了才知道；器好不好，用了才知道。春种秋收之际，能叫群众眉开眼笑地收获辛勤的成果，比什么都实在。

报道精选

"磨刀石"上炼"尖兵"[1]

文/廖丽君

"就像是辣椒酱灌进了眼睛和鼻子里，又辣又呛。"

对于一些法警而言，催泪瓦斯的味道此生难忘，因为在实战化训练中，他（她）们必须一遍又一遍地冲进充满催泪瓦斯的密闭空间里，"只有练时多流汗，方能战时少流血。"

如何在实战化训练中，做好战斗力"磨刀石"？怎样发挥警队指挥中心的"大脑"作用？司法警察最重要的品质是什么？

以"实战"来"应战"

法警实战化训练，越真越好。

正因如此，"情显员"这一角色诞生了。他们在实战化训练中辅助教官教学，模拟实战情景，通过对特定突发情况有针对性地反复训练，让法警在实际遇到类似情况时不会措手不及。

向望就是上海市浦东新区人民法院的一名"情显员"，常常需要在实战化训练中高度还原现场情景。有一次，队里安排他模拟醉酒当事人强闯安检口，他既要表现出精神亢奋、情绪急躁，与法警软磨硬泡、反复纠缠的状态，还要在学员采取带离措施时，做出各种不同类型的躺地、滞留动作。

---

[1]　廖丽君：《"磨刀石"上炼"尖兵"》，上海市高级人民法院微信公众号"浦江天平"，2021年12月13日。

上海市浦东新区人民法院在实战化训练

抗法对象、闹事人员、围观群众……这些都是"情显员"的扮演对象。为了效果逼真，他们会真的与学员们发生冲突，从言语压力到肢体接触，甚至拿把假刀或包了海绵的警棍攻击学员，就是要让学员把他（她）们当作真正的执法对象来处置。

一名合格的"情显员"不仅要游刃有余地把握整场冲突的节奏，确保冷场的时候不尴尬，矛盾升级的时候收得了场，而且还要在全情投入的扮演中关注学员们语言是否规范、站位是否合理、动作是否到位、配合是否默契……因此，难度、考验都很大。

催泪瓦斯耐受度的训练让向望尤其难忘。

10平方米左右的教室里提前喷掉了几瓶催泪瓦斯，浓度极高，一般人很难坚持超过2分钟。向望戴着护目镜和三层口罩走进房间，仍感到呛人和刺鼻，每一口空气都是苦的。

在这场训练中，向望扮演持械暴力抗法的被执行人，学员则需要执行喊话警告、破门进入、使用催泪瓦斯、徒手控制抗法对象等一系列执法动作。

由于戴了几层口罩，向望感到呼吸有点跟不上，又因为大量的肢体对抗和跑动，他的呼吸更加急促了。要命的是，被学员制服在地时，向望的护目镜被蹭歪了，口罩也被扯掉了，那一瞬间，他几乎要窒息，双眼泪流不止。

"情显员"在训练中受伤

被挽到走廊上后，向望咳了很久，他满脸鼻涕和眼泪的样子把学员们都吓到了，而他身上、头发上的胡椒味整整散了一天才散去。

这种实战"后遗症"，向望和其他"情显员"还经历过很多：

在35度的高温天，穿着3厘米厚的全身泡沫防护服，配合学员实战对抗，脱下来后连鞋都在滴水；

用警棍劈向学员，训练学员用盾牌回击，结果一天劈坏好几块盾牌，手腕发肿，手机都握不住；

徒手防控课上给学员做陪练，只要学员动作标准、发力到位，手臂上就是一块淤青；

……

每期培训班结束后，向望和同事们都会看看谁身上的瘀青多，这是他们实战化训练的"勋章"。自己越痛，说明学员学得越到位，如果学员动作软绵绵的，或是缩手缩脚的，他们反而着急，担心学员没掌握要领，或者自己演得不够逼真。

学员们也很心疼向望和其他"情显员"，"每次练完都会来帮我们揉揉，说不好意思。"向望笑着回忆。

"情显员"们相信，"只有练时多流汗，方能战时少流血"。学员在他（她）们这儿练好了，回到工作中就能保护好自己、保护好群众，这就是他（她）们作为上海法院司法警察队伍"磨刀石"的意义！

听到此处，网友"开心如意88"不禁为他们过硬的本领和精湛的技艺点赞。

专业队伍"炼成记"

"情显员"的设计和实战化训练的常态化，都是上海市高级人民法院司法警察总队加强专业能力建设的重要内容。

孟辉说，作为全市法院法警工作的领导机关，总队经常开展警务安全督察，定期、不定期检查和抽查，通过"不打招呼"给基层法院制造"矛盾、冲突"，设计"冲击安检场所、携带假身份证意图混入安检场所、身上藏带违禁物品"等实景，发现安全防范工作上的漏洞和隐患，督导下级法院法警部门将各项安全措施落到实处。

实际上，早在二十多年前，上海法院司法警察的能力建设、制度建设、队伍建设便开始了。作为这项"大工程"中的重要一员，孟辉认为自己的工作很像"架构师"。

他所在的"指挥中心办公室"是上海市高级人民法院司法警察总队管理和指导全市司法警察工作的主要执行机构，其工作简单地说就是"上情下达、下情上报、协调周边"。

2004年最高人民法院印发《人民法院司法警察安全检查规则》后，在法院建立完善安检系统成为当务之急。上海市高级人民法院一次性发放了手持金属探测仪、安检门、包检机等设备，但普及进度仍然十分缓慢。其中有一个难题，就是没有专门的培训机构。

为了解决这个问题，孟辉和同事顶着炎炎烈日跑了好多地方。那时高架还未完善，一天只能跑一个地方，汽车空调也不给力，一趟跑下来几乎脱水。好在司法警察总队与浦东机场安检护卫公司达成了共识，由后者提供师资力量，为警队培训一批50人左右的安检队伍。

就这样，上海法院首次安检专业技能培训开班了。每天一大早，法警们就赶往机场学习，一边在课堂、机房学习理论，一边在机场安检口参与实践。经过不断地"魔鬼训练"，这批学员后来陆续成为上海各

上海法院司法警察队伍

级法院安检的得力干将，并相继培养出了更多优秀的法院安检员。

在这之后，上海市高级人民法院司法警察总队在总结经验的基础上，又和虹桥机场安检护卫公司连续多年合作举办安检培训，大大提高了法院系统的安检能力。

转业进入上海市高级人民法院前，孟辉是航空兵部队的一名飞机机械师，在陪伴飞行员进行飞行前检查时，无论多有经验、多么熟悉动作，都必须严格依照条目"按图索骥"，确认飞机内外部结构、组件正常。制度的严格保障了飞行的安全，进入上海市高级人民法院司法警察总队后，孟辉也参与到相关制度、标准的制定中。

2007年，最高人民法院印发《人民法院司法警察警用装备配备标准》，据此，上海市高级人民法院制定了《上海法院"四专两室"安全设施装备建设标准》，并于2013年全面建成"四专两室"（专用囚车、专用囚车库、专用通道、专用座椅，羁押监控室和警用装备室），确保被告人自提押出看守所到庭审，直至还押回原羁押地，始终处在封闭的环境中，保证他（她）们的安全。

上海法院"四专两室"的成功实施引起了最高人民法院的关注，此后，最高人民法院多次来上海专项考察，探索在全国推广的可行性，最终于2018年印发了《深化人民法院司法警察执法规范化建设规划（2018—2020年）》，提出在全国法院建设"六专四室"（专用囚车、专用囚车库、专用通道、专用座椅、专用卫生间和专用电梯，羁押室、监控室、警用装备室和枪弹室）的规划要求。

2020年，上海法院率先成为全国第一批"六专四室"全面达标的单位，为法院的刑事审判工作提供了更加强有力的保障。作为制定建设标准的主要参与者之一，孟辉十分自豪。

冲锋一线的忠诚与担当

随着时间的推移，司法警察队伍的"人防、物防、技防"建设愈发完善，但在突发事件面前，能不能做到第一时间冲锋陷阵，最重要的还是对党忠诚的热血担当。

"只有将忠诚刻在骨子里，才能有大无畏精神。"孟辉说。

曾经有当事人把汽油浇到了自己身上，试图以极端的方式向法院施压。就在他举起打火机的瞬间，一名法警一个箭步冲上前，把他抱住，夺下打火机。

一切都在电光火石之间，如果不是刻在骨子里的忠诚信念和对本职工作的高度责任感，这名法警不会第一时间本能地扑上去，而稍慢一秒，后果都将不堪设想。

事后，这名法警也感到后怕，"身上沾满了汽油，一旦真点着了，

出　发

上海法院司法警察队伍

我恐怕也差不多了。"但当时，他根本没想那么多，脑海里只有一个念头——控制住事态。

刻在行动里的"忠诚、热血、担当"让法警们能在第一时间控制住事态，并且在控制住事态以后，关心当事人的安全和健康。

在催泪瓦斯的训练中，法警们不仅要学习如何正确使用催泪瓦斯，而且还要学习如何在控制住"当事人"以后，第一时间为"当事人"冲洗眼睛、实施救护，让"当事人"能够尽快恢复。

上海市高级人民法院原副院长邹碧华曾说："当事人面对的是充满人文品格的司法者，而绝非冰冷的法律适用机器。"这句话同样适用于司法警察。

一名优秀的司法警察，要用忠诚和热血冲锋一线，也要用责任和担当把人民放在心上。

荣誉清单

孟　辉

2005年高院机关优秀共产党员

2007年高院机关优秀共产党员

2010年上海法院系统个人三等功

2014年高院机关优秀共产党员

2018年上海法院破解"执行难"先进个人

2019年上海法院系统个人三等功

2020年上海法院系统个人嘉奖

向　望

2017年上海法院系统个人嘉奖

2018年区级机关个人嘉奖

2019年区级机关个人嘉奖

2019年上海法院系统个人嘉奖

2020年上海法院系统个人三等功

玖

守护"蔚蓝"

我永远不会忘记你庄严的容光

我将长久地

长久地倾听你在黄昏时分的轰响

——普希金

沈英明

男,53岁,上海海事法院党组成员、政治部主任,从事法院工作33年。

司法警察肩负着在执法一线书写公平正义的职责,在全面推进依法治国和深化司法改革的背景下,我们将不断提升海事法院司法警察的履职能力和实战水平,培养青年司法警察不断朝崇文尚武、一专多能的方向发展,塑造绝对忠诚、执法为民的司法警察队伍,为审判执行工作提供坚强的警务保障。

——沈英明

杨喜平

男,54岁,上海海事法院司法警察,从事法院工作17年。

作为一名新时代的海事司法警察,要把对党忠诚体现为为群众办实事解难事做好事;要做到能文能武,刚柔相济,学会运用法律政策、在法律框架内疏通情绪、解决纠纷,防控风险、应对舆情,保障法院的审判执行工作安全有序进行。

——杨喜平

对 话¹

电台节目合影

一艘十几层楼高的大船

主持人： 严科长，我知道您今天给我们带来了一个好消息，先跟大家分享一下好吗？

严剑漪： 是的，我现在心情很激动。我们刚刚收到来自最高人民法院的通报表扬，在全国司法警察评选中，上海有1家法院被评为先进集体，还有4家法院的司法警察被评为先进个人，其中就有我们上海海事法院的法警。今天，我们就邀请了上海海事法院的司法警察来到演

1　电台访谈时间：2021年12月17日；图片摄影：董晓楠、周晨佳、何蕊等。

播室。

主持人：沈主任，您能不能给我们描述一下，上海海事法院的法警跟其他法院的法警比起来，有什么特别之处？

沈英明：海事司法是国家海洋战略和上海国际航运中心建设软实力的重要组成部分。海事案件的一个显著特点是它的涉外性，很多案件的当事人都是外籍当事人，这就要求我们的法警在配合法官开展工作的同时，除了具有法警的基本技能以外，还需要具有一定的沟通能力和英语水平，例如我们有一个"辉煌"轮的扣船案件，196名船员向我们法院申请扣船，希望他们的工资得到清偿，我们的法官和法警登轮后，很多船员一下子围了上来，场面一度有些失控。我们的法官、法警在第一时间安抚了这些船员。在法官开展工作的同时，海事法警用英语做了很多外籍当事人的工作，因为有些法律手续、法律材料都

"辉煌"轮

是中文的，外籍当事人不明白其中的意思，法警就用英语与外籍当事人沟通，取得他们的理解，为最终完成扣船奠定良好的基础。

主持人：杨警官，您有没有碰到过类似的涉外案件呢？

杨喜平：有的。我曾经参与过一起重大涉外案件的解除船舶扣押。为什么说它重大呢？一方面，这个案子涉及的金额很大，达到数亿元。另一方面，它的社会影响、国际影响非常重大，它的船籍是外国的，被执行人也是国外的。

当时这个执行案件已经进入尾声，被执行人履行了义务，我们就要把船舶解除扣押。我参与了向被执行人送达解除扣押法律文书的过程，包括解除扣押的文书以及这艘船的船舶证书。我把这些材料装进旅行包里，从上海海事法院出发，带到浙江舟山，与其他已经在舟山的同志汇合，准备一起登上这条停泊在浙江舟山锚地里的被扣船舶，向被申请人送达文书。

那天一大早，我们吃过早饭后，乘船航行一个小时，到达被扣船舶停泊的锚地，准备登轮。当时有一个紧急情况，我们乘坐的这条船要马上开走，去接另外一条船上生命垂危的船员，把他送到岸上医院抢救，所以我们必须马上登轮，时间非常紧急。我们登轮遇到了三个困难：首先这条船非常大，是个庞然大物。这条船载重20多万吨，它是装铁矿砂的，长300多米，宽50多米，设计吃水20米。我们当时去解扣的时候，它已经是空船，如果装了20万吨铁矿砂，吃水就没这么高，但空船就更高了，完全浮在上面，通俗讲有十几层楼那么高，我们当时到这艘船边上也会有一种压迫感。第二个困难是那天的风浪非常大，对我们登轮不利。虽然是大船，但是风浪大了以后，这个船在不停地晃，而我们登轮是需要软梯的，就是很粗的两条麻绳，中间一个横挡，这就是个梯子了，这个梯子贴着船舶的船身，我们就凭两只手抓着上去。

杨喜平

主持人：您说要爬10层楼高对吗？那确实不能往下看。平时有没有登过这么高的船？

杨喜平：这个确实比较少，而且我们登了以后，到半空中要转一个钢梯，不是整个一条软梯一直到上面的。风浪一刮，软梯和钢梯之间的距离在不断变化，并不贴合，也是个风险。说实话，我从事相关执行工作也17年了，扣押船舶过程中，大大小小船舶也登过不少，但在这种比较困难的情况下登轮，紧张害怕是免不了的。

主持人：这个有点像特技演员或者成龙拍电影的画面了，你们登船执行任务也很困难，手脚可能都得并用了，对不对？而且你还带着执行的一些材料。

杨喜平：对，说实话，我担心的不光是我自己，关键是我的任务。我的任务是送达这些船舶证书和法律文书，我当时看到船和软梯，就在想自己有没有把握登船，如果一个闪失我掉下去了，怎么办？那包也掉了。就可能面临两种情况：一个是我掉到下面这个小船的甲板上面，人受伤，还好，包还在。最不好的情况是在两船之间掉下去，包和人都掉下去了。我心里非常着急，一方面，我们坐的船马上要去救人；另一方面，登轮以后确实存在这些风险，我要确保万无一失，所以当时急得像热锅上的蚂蚁，在甲板上走来走去。我抬头一看，大船的船员他们走了过来，我就想能不能让他们扔下一根缆绳，把包先吊上去，那我的任务就完成了，心理负担也会减轻许多，所以我就让他们先把包吊上去，之后我也登上了这艘轮船。

主持人：您觉得在紧急情况下，排在前面的是您还是包？

杨喜平：那当然还是包。如果我这个包掉了，会有三个后果：第一，解除扣押任务没办法进行，没有法律文书；第二，这艘船是外籍船，船舶证书如果丢失肯定就走不了了；第三，有可能引起外交上的被动，因为这是一个重大的涉外案件，国际影响都非常大。

主持人：有网友想问，海事法院法警的职责跟其他法院的法警有什么不一样呢？

沈英明：一开始的时候讲到了，因为海事案件的涉外性，要求我们海事法院的法警具备相当的沟通能力和英语水平。除此之外，海事案件中还有很多涉及船员、渔民的民生类案件，这类案件往往涉及当事人比较多，当事人情绪有时可能波动较大，需要法官、法警进行稳妥的处理。对海事法院法警来讲，需要善于与当事人沟通，配合法官的工作。

事故和故事

主持人：杨警官，如果碰到民生类案件，作为法警，您如何与当事人沟通？能不能和我们分享一个印象比较深的案件？

杨喜平：我碰到的这类案件也比较多。举一个例子，2017年12月，有一天上午，我和执行法官、法官助理去宝山锚地扣押一艘汽油轮。为什么扣押这艘汽油轮？因为这艘汽油轮和一条小船在长江口水域发生碰撞，事故原因是这艘汽油轮在早晨四五点钟要掉头到浙江把油卸掉，由于当时光线不是很好，在掉头的过程当中和小渔船发生碰撞，小船上的4名船员全部落水遇难。事故发生后，船员家属一方面聘请律师，向我们法院申请扣押油轮，这是合法的；但是另外一方面，她们又强行登上汽油轮，在驾驶台里搭设灵堂，焚烧纸钱。这艘汽油轮有3000吨汽油，在一艘载有3000吨汽油的油轮上面烧纸钱，使用明火，这是绝对要禁止的，如果发生意外，后果将不堪设想。

主持人：所以您在那个当下怎么办？

杨喜平：我们当时去之前，对这些情况是一点都不知道。走进驾驶台后，看到这个情况，我们首先当着他们的面，办好了扣押船舶的法律手续。驾驶台里是怎样的情景呢？一走进去以后是一个灵堂，上面有两张遗像，一男一女，也就40岁左右，在下面有一个烧纸钱的火盆，里面还有一些纸灰，边上打了两卷铺盖，铺盖上面坐着两个女人，一个是中年妇女，另外一个是20岁左右的女孩。我们把扣船文书送达以后，就蹲下身子来和她们交流，问她们究竟是怎么回事？不是已经向法院申请扣押船舶了吗？为什么还要跑到船上来焚烧纸钱？这是很不理智、很危险的举动。

主持人：这个蹲其实很有讲究，你们当时为什么会选择蹲下来跟她们进行交流？

杨喜平：蹲下来一个是说话方便，第二个也是与当事人平等的一种姿态。

主持人：您这一蹲，表面上看是让家属可以平视，关键在心理上也和她们连接在一起了，对吗？我觉得这非常有利于在紧张的氛围下，创造和缓对话的前提和基础。

杨喜平：是的。我们人民警察要严格执法，但是大家在人格上是平等的，面对不幸是感同身受的。我就和她们讲道理，分析危害性，告诉她们，你们已经申请扣船，船舶已经扣下来了，你们的权利能够得到维护，你们应该下船和我们一起走，在油轮上烧纸钱这种行为不能再继续下去了。但是她们还是不肯走，我们就询问其中的原因。后来，我慢慢知道她们还有一个心结，事故发生以后，一直到我们去的那一天，她们失踪的亲人一直没有被搜寻到，沉船也没有打捞上来，所以她们很希望看到自己的亲人，这也是我们大家都能体会的心情。后来我去了解原因，海事局一位同行的同志解释了情况，他说并不是不愿意打捞，主要是水文条件不允许，不仅打捞不上来，而且还很危险。知道这个情况以后，我主动和船员家属解释，和她们说不要着急，你们的心情我也能理解。说实话，尤其这个女孩子，她的父母亲突然去世了，阴阳两隔，这种心情我们都能理解。失去亲人的痛苦，对有些人来说就是故事，但是对当事人来讲，那就是一个事故，是心里像刀割一样的感受。所以我们也非常能共情，但是这个情况已经发生了，这种方法不能挽回父母的生命，我们还要继续生活下去，我们还要做一个守法公民，要用合法的手段来维护自己的合法权益。

主持人：当您这么想的时候，带着这样一份心情跟她们说公务语言的时候，说出来的就不是干巴巴的字了，就是情了，对吗？

杨喜平：是的，她们能看出我的表情，能听出我的语气，能感受到我的态度。

主持人：我听说当时还有人扬言要把这个船炸掉?

杨喜平：是的，是她们的两个亲戚，两个小伙子。当时我就用他们听得懂的语言向他们询问情况，跟他们拉家常，我说你们帮助亲戚，这份心情我们能理解，但是你们不能用这种违法的方法来做。你们都上有老下有小，自己的前途命运不考虑吗? 用这种违法的方法来帮助亲戚，不仅帮不上忙，而且还是帮倒忙，你们自己要承担违法犯罪的责任，你们亲戚的合法权益也得不到保障，所以希望你们一定要懂法，要在法律的框架下解决问题，用合法的手段解决问题。

主持人：我听说，作为一个有血性的男性，在执法过程中，您说了挺震动他们的话，就是"咱们得下去，如果你们不走，我们陪着你们，我们也不走。"您当时想过没有，如果他们就是不走，您真的就陪着不走吗?

杨喜平：这是肯定的。因为给他们做了思想工作以后，他们还在犹豫不肯走，我就把我的手机号码告诉他们，我说你们有事情可以来找我，任何事情都可以来找我。另外这个时候海上的风浪已经很大了，如果再不下去我们都下不了船，很危险，我就和他们这样讲，我说你们现在必须下船，有什么问题我们下船以后再说。

主持人：沈主任，像杨警官刚才讲到的登船技巧，我猜海事法院的法官得有这个本事，否则没法办案。作为法警，这个本事应该只多不能少，这个本事是怎么练就出来的?

沈英明：主要还是靠平时的训练。海事法院除了组织法警开展常规的法警技能训练之外，还要组织针对我们海事司法工作特点的一些

上海海事法院翻译员团队部分成员

训练，例如软梯的攀爬、过独木桥等，有的时候我们还扩展到全院工作人员一起来参与训练，以便于适应我们海事工作的需要。

同时刚才也讲到，因为上海海事法院案件涉外性的特点比较显著，所以要求我们的法警必须具备一定的英语水平和能力。杨喜平警官本身就是上海海事法院翻译员团队的成员，我们法警支队除了他之外，还有几位同志也是翻译员团队的成员，同时我们喜平警官也具有复旦大学的博士学位，所以从这个方面来讲，体现了我们这一支司法警察队伍整体的素养。

（李思润　整理）

幕后心语

郭 燕

其实这次采访的感受跟我一开始想的不太一样。讲到上海海事法院，我一开始的反应是"乘风破浪"，但是仔细采访以后觉得应该换一个词，叫"细水流长"。我先给大家介绍"细"，刚刚两位嘉宾也介绍了很多海事法警的工作，他们还有一项工作叫作车辆管理，可能听众朋友们觉得这很简单，有人需要车子了，我把车子给你，用完车子了我再收回来。但是，海事案件涉及的渔民和船员比较多，有很多人在外地，那么法官驾车去外地，万一车子出了问题，到哪儿去修、找什么人修，可能都两眼一抹黑，所以海事法院法警支队做了一个事情，就是每次派车之前，只要是出长途的，都会把它送到专业的机构进行专门的检查，确保车子出去不出事故。这样就能更好地保障法官办案，也不耽误老百姓的事儿。

然后再说"长"，这里有两个意思：一个是经常；另一个是长久。刚刚沈主任也介绍了他们的训练，据我所知，海事法院每周一都有训练，而我们采访海事警官的时候，正好是周一，跟他（她）们的训练时间冲突了。为了完成训练和采访，海事法警们提前一天把训练完成了，确保经常，不落一次。这里面还有一个事情是让我很感动的，对于上了年纪的老法警，上海法院是有政策保护的，出于他（她）们的健康考虑，在警队考核的时候，超过50岁的老法警在体能、技能上是免考的，但是上海海事法院有一位大约54岁的老法警，他每次训练都参加，跑、跳、格斗每个项目都参加，这就是长久的长，我想这也是他（她）们守护蔚蓝大海的底气来源。

网友留言

> @老听众5931：情深似海，为民办事，秉公执法，赞誉满院。各取最后一字：海事法院。
>
> ···
>
> 于龙马：海事法警常和船只打交道。面对海河处理法事，非常的辛苦，他们是最可爱的人。

报道精选

蔚蓝大海的守护者[1]

文/肖梓雯　郭燕

法警为什么要开展登轮训练？怎样面对悲伤欲绝的海难者家属？如何配合法官传递好中国司法声音？

职责重于生命

天气阴沉沉的，杨喜平紧张的心情中也增添了一丝担忧。在他随身携带的背包里，装着一起重大涉外案件的相关文书和船舶证书。他要与执行法官等人一起，登上停泊在浙江某锚地的被扣押轮船，向被执行人送达这些文件，同时解除船舶的扣押。

---

[1]　肖梓雯、郭燕：《蔚蓝大海的守护者》，上海市高级人民法院微信公众号"浦江天平"，2021年12月21日。

终于到了目的地，一个庞然大物出现在眼前，执行法官、杨喜平等人仔细一瞧，正是他们此行要解扣的船舶。这艘轮船长300多米，宽50多米，看上去足有十几层楼那么高。

大家心中不免有些犯难。一方面，载他们过来的小船急着要离开，前往附近的海域执行救援任务，留给他们的时间有限，他们得赶紧登轮。另一方面，想要登上这艘轮船必须先爬一半的软梯，再在半空中转钢梯，可当天风浪特别大，软梯随风不停地摇晃，又没有其他安全措施，贸然登轮极易踏空落海。

"包里放着文书和船舶证书，如果掉了下去，后果可不堪设想。"杨喜平心想。

船舶证书类似于这艘船的行驶证，如果船舶证书丢了，船走不了，一天动辄消耗数万美元，更重要的是，这起案件十分重大，丢了船舶证书不仅会影响案件处理，而且还可能引起我国外交上的被动。

就在他们急得团团转的时候，被扣船舶上的船员们过来了。大伙儿一商量，有办法！先让大船上的船员扔下一根缆绳，把背包吊上去，确保法律文书和船舶证书万无一失。然后，杨喜平再随着法院的同事们一起，顺着绳梯登上去。由于思想负担轻了，他们登起来便顺利多了。

这样默默无闻用心工作的法警在上海海事法院并不是少数。把责任看得比生命还重，网友们纷纷点赞海事法警的勇气和担当。

顶着五十年一遇的"天鸽"台风，法警罗洪斌跟随法官赶到珠海，计划在"天鸽"过后立即扣船。谁知，气象突变，"天鸽"台风刚肆虐而过，"帕卡"台风又席卷而至。在如此恶劣的自然环境下，他（她）们不顾自身安危，经过评估，决定抓住稍纵即逝的执行机会，及时扣船，确保案件的顺利办理。

"小暑不算热，大暑三伏天。"在地表温度飙升至40摄氏度的高温下，法警陆志碌还依然忙碌在上海某高档小区，协助执行法官查找被执行人下落及相关财产线索。在烈日的炙烤下，他（她）们不放过一丝一毫的执行线索，对被执行人冯某进行了全方位的查控，督促其尽快履行。

沈英明由衷地感慨："我为海事法院的司法警察们感到骄傲。"

用英文沟通

海事司法是国家海洋战略和上海航运中心建设软实力的重要组成部分，海事案件的一个显著特点就是它的涉外性。干警如何依法、依规履行司法职责，代表着中国法院的形象，体现着中国海事司法的权威。

"这就要求我们的法警在配合法官开展工作时，除了具有法警的基本技能，还需要具有相当的沟通能力和英语水平。"沈英明说。

他介绍，2019年，上海海事法院就曾处理过一起涉及巴哈马籍"辉煌"邮轮的案件，196名中外船员陆续向法院申请扣押船舶，确保他们的工资得以清偿。然而，就在法官、法警们登轮时，众多船员一下子围了上来，场面一度有些失控。

法官、法警们没有慌张，他（她）们第一时间安抚了船员情绪，然后按照法律规定，有条不紊地推进船舶扣押。在法官开展工作的同时，法警们也做了大量的协助，例如一些法律材料是中文的，部分外籍当事人不明白其中的意思，难免有些急躁，就有法警马上上前，用英文与他们沟通，取得了外籍当事人的理解，为法院最终完成扣船奠定了良好的基础。

流畅的英语沟通能力，到底是怎样炼成的？沈英明说，正是考虑到海事案件的涉外性，平时，上海海事法院要求干警们须具备一定的英语水平，法警也不例外。同时，法院还加大国际化高素质海事司法人才培养力度，专门成立了青年翻译员团队，部分法警就是翻译员团队的成员。

青年翻译员团队现有队员31名，均具有硕士以上学历，多人具有英语专业八级、中高级口译证书，多名队员具备日语、法语、德语等第二外语翻译能力，至今已翻译审判白皮书、外国法院判决、案例摘要等500余篇，曾获得上海市标杆青年突击队、上海市青年五四奖章集体等多项荣誉。

这样的成绩，不禁让网友"倩姐Qian"竖起了大拇指："涉外性，英语语言沟通能力专业化。"

人性化司法

在海事案件中，除了涉及外籍当事人的比较多，与渔民、船员相关的也不少。这类案件往往当事人人数众多，情绪也容易出现波动，法警在外出协助保全和执行时，不仅要做好安全保卫工作，同时也要能积极稳妥应对突发事件。

杨喜平就曾遇到过这样的情况。在一次船舶扣押中，海难者家属强行登轮，并在驾驶室内搭设灵堂、焚烧纸钱，祭拜遇难失踪的亲人。可是，这艘汽油轮满载着3 000多吨汽油，明火是绝对禁止的，稍有不慎就会引发燃烧，甚至爆炸。

在协助法官扣船之余，杨喜平主动走到海难者家属跟前，蹲下身子劝道："你们的初衷没有错，你们主张赔偿的权利也是正当的，但是用这种违法的手段，是要负刑事责任的。这件事法院已经介入，一定会给你们一个公道。"

与此同时，他还将自己的手机号码留给了他（她）们，请他（她）们放心，有需求可以联系自己。经过法官、法警再三做工作，最终，海难者家属乘坐海事局的巡逻艇离开了汽油轮。

"专业的司法,暖心的沟通,海事法警好样的。"海事法警人性化的司法方式获得了网友"17715778"的好评。

处理突发事件不仅需要足够的耐心、细心、暖心,而且还需要良好的体能、技能做保障。正是基于这些需要,上海海事法院非常注重法警的训练,不仅每周安排固定时间开展徒手防卫控制、警械具使用、应急处突等常态化训练,而且还积极组织针对海事司法工作特点的训练,例如软梯的攀爬、浪木的行走、过独木桥等。

上海海事法院司法警察支队在训练

近期荣获"全国人民法院司法警察先进个人"的上海海事法院法警王新峰,就是一名擒拿格斗、爬舷梯、走"跳板"的行家里手,他不仅被选送参加最高人民法院组织的首届全国"司法警察技能大比武",取得了较好成绩,还牵头组织"三中、海事、上铁"联队训练,在全市司法警察技能竞赛中取得团体总分第二名、擒敌拳第一名,同时参加上海法院司法警察教练员教学技能竞赛,获得技能类第一名。

"除此以外,因为海事案件专业性较强,海事法警需要了解更多的航海知识,在我院开设的'海事大讲堂'中,邀请一些业界的专家来授课,还会请业务庭的法官对法警进行相关知识的指导和培训。"沈英明表示。

荣誉清单

杨喜平

2014年上海法院系统个人嘉奖

拾

灵魂工程

繁星闪烁着

深蓝的太空

何曾听得见他们对语

沉默中微光里

他们深深的互相颂赞了

——冰心

王德成

男,55岁,上海市高级人民法院司法警察总队总队长,从事法院工作16年。

新时代党和人民赋予司法警察新的使命任务,需要我们用前瞻性思维和发展眼光,树立以现代化警务体系和保障能力引领发展的理念,瞄准"打造全国一流警务工作"的发展定位,坚持机制创新和科技应用双轨驱动,努力实现司法警务工作从传统型向现代化的跨越发展。

——王德成

彭晓根

男，58岁，上海市高级人民法院司法警察总队政治委员，从事法院工作37年。

司法警察要始终怀着对信仰的坚守之心，对法律的敬畏之心，对群众的关切之心，对事业的奉献之心，做忠诚的天平卫士！

——彭晓根

对 话[1]

电台节目合影

从被动执法到主动履职

主持人：王总，作为上海市高级人民法院司法警察总队的总队长，您如何阐释法警的工作特质呢？

王德成：司法警察与其他的警种相比主要有两个方面的区别：一是司法警察实行的是双重领导管理体制，就是警队既受本院党组的领导，也受高级人民法院法警总队的领导，这是管理体制上的明显特征。二是

---

[1] 电台访谈时间：2021年12月24日；图片摄影奚晓诗、叶人杰等。

它的工作职责跟其他警种相比有明显的区别，法院的司法警察主要是维护审判秩序、保护诉讼参与人和审判人员的人身安全。随着法治社会的进步，人民法院的司法警察制度也得到了很大的发展，2020年6月22日，最高人民法院通过了首部《人民法院司法警察履职规定》，明确了人民法院司法警察十大工作职责，而且这个规定是目前法律效力最高的。其中最明显的一个重大改变，就是司法警察由被动执法向主动执法的转变。

被动执法向主动执法转变，就是以前我们司法警察在采取强制措施的时候，主要是听取审判长、法官的指挥来采取强制措施。2020年新出台的《履职规定》明确，司法警察可以主动提请强制措施，可以主动采取拘留、罚款等。这个新规定出台以后，上海法院已经出现多起依法履职的案例，例如某家法院当事人对律师不满，在诉讼场所殴打律师，这个法院的法警对他采取了罚款1万元的强制措施；还有一名刑满释放人员对法官的判决不满，扬言要伤害法官，我们就对他采取了司法拘留；还有一家法院，法警在留置送达过程中，遇到当事人抢夺送达法警的执法记录仪，我们也是对他采取司法拘留措施。由被动执法向主动履职转变，在人民法院司法警察历史上，是具有里程碑意义的重大转变，这样的转变为当事人的安全提供了更加有力的保护。

主持人：所以，你们服务和保障的工作外延更大了，对吗？

王德成：对，上海市高级人民法院党组对我们司法警察非常重视。上海市高级人民法院党组书记、院长刘晓云要求我们司法警察，要"政治建警、能力强警、形象塑警，打造新时代的司法铁军"。司法警察总队围绕刘院长这样的目标要求，努力为每一个当事人在诉讼过程中提供更加有温度的服务。前几期节目中也谈到了在安检过程中有温度的执法，其实我们这几年在有温度的执法方面采取了一系列的举措，例如我们近些年开展了"把窗口擦得更亮——我为群众办实事"系列活动，还有上海市高级人民法院机关推出的"安检开门六件事"，上海市奉贤区人民法院推出的"让当事人走红地毯"，等等。所谓"让当事人走红地毯"，就是当事人通过安检后走到法庭去有一段的路程，我们把这段路程做成红色地标，就是"走红地毯"。这些举措都让当事人感受到很大的温暖。

主持人：当事人不熟悉法院，这是对他（她）的指示，让他（她）感觉像到家了一样。

王德成：当事人听到"请走前面红地毯"时，就会感觉很温暖。其实全市各级法院都有很多为民办实事的具体举措，这里我还可以举个例子。我们这几年一直在讲，要把安检场所的温度加热，让每个老百姓感受到更多的温暖。我们有一个小伙子，是公安学院毕业的，毕业后根据警队的工作安排到了安检岗位。有一天，他遇到一个当事人，安检是要求随身物品都要检查，但这个当事人对这个要求感到不满，也不予配合。在法警的要求下，他很不情愿地把挂在身上的一串钥匙取出来，直接扔到法警脸上。我们这名法警的脸上立马出了血，很是委屈。警队领导知道以后，马上带着法官找当事人释法，当事人也跟法警道了歉，但这个事情并没有简单地就这样画上了句号，警队领导把这名法警带到他的办公室，说我们一起回放一下当时整个过程的监控。看完这段视频以后，警队领导就问法警，整个过程中还有什么需要改进的吗？这名法警就说，我在严格执法，一点也没有错。警队领导笑嘻嘻地跟他说，如果你带些微笑，是不是更好？因为我们上海法院每天有将近1万人来法院诉讼，这些人大多是带着一定的情绪来的，如果我们的司法警察带着微笑，可能就可以缓解当事人的情绪。这名法警听到警队领导这样说以后，也感到自己有些地方需要改进。后来警队领导再碰到这名司法警察，都问他你今天微笑了吗？一段时间以后，这位法警说，以前我是比较厌倦这个职业的，通过这样的调整，感觉现在特别喜欢这份职业。这是我们为民办实事中的一个小故事。

主持人：通过这一个小小的微笑，它传递的是司法警察的温度。

王德成：是这样的。微笑是我们执法者的能力，也是一种素养。我们最近推进为民办实事，要为一些残疾人提供轮椅服务、为老年人提供老花镜、天冷了准备好御寒大衣，等等。现在每家法院都在努力做到当事人有需求，我们有服务。

法警队伍是有爱的队伍

主持人：彭政委，我们常说内在驱动力、精神内核，它是激励一个人在自己的岗位上发光、发热的动力，那么这个内核在法警们身上究竟是什么呢？

彭晓根：作为警队的管理者，我们也在思考如何让司法警察成为一个有温度的人。首先警队的管理要有温度，这样才能把温度传递出去。如果司法警察这个团队本身冷冰冰的，没有任何凝聚力，我们司法警察拿什么去温暖群众、服务人民呢？我们警队领导会在细微之处关心、关爱司法警察，例如有时候刑事庭审结束得比较晚，庭审结束了，法警的工作还没完，还要负责把刑事被告人送到看守所，回到各家法院的时间会更晚。我们警队领导会为还押法警准备一些点心，目的是不能让法警饿着肚子回去。有些细心的领导还会根据法警们的爱好挑选网红点心放到办公桌上。当法警回来以后，看到桌子有份小点心，一天的劳累就烟消云散了。

主持人：王总讲的"红地毯"，温暖的是咱们当事人的心。您讲的点心，温暖的是法警们的心，对吗？

彭晓根：对，我想跟大家分享一个小故事。我们基层警队有一个大龄青年，迟迟没有结婚，警队领导很着急。有一天经友人介绍去相亲，这个小伙子比较内向，他没有跟我们警队领导说，只是跟一个小伙伴说了一下，那天照样去执行任务，还押回来碰到晚高峰堵车，赶不上相亲时间，相亲眼看就要"黄"掉了。他那个小伙伴跟警队领导说了一下，警队领导看了时间以后，就把自己的私家车准备好，等这个大龄青年一回到法院，立刻叫他换好衣服，说我送你去，小伙子一下手足无措。我们这个警队领导就开着自己的私家车送他去相亲地点，路上还教他相亲要注意些什么。后来相亲成了，所以每次说到这个事，他总是满怀感恩。

主持人：王总，咱们对于法警能力的培养，是怎么来衡量的？标准是怎样的？

王德成：人民警察的专业能力是整个执法活动的基础。在之前的访谈中，上海市虹口区人民法院的陈宇峰在安检方面专业技能特别好，是行家里手。上海市第一中级人民法院的孙海凤抢救大学生，这是一种通才的体现。我们法警总队在培养人才方面注重打好"组合拳"，我们与上海公安学院、上海政法学院搭建了立体式的人才委托培养体系，效果非常好。我们还针对审判需求和当事人安全要求，每年都开发一些精品课程，例如囚车在提押过程中碰到难题怎么办，等等。另外，今年我们又向前推进一步，开展了四个"十佳"评比，即"十佳训练标兵""十佳教练员""十佳示范教案""十佳示范训练场所"。此外，在保障机制方面，我们从"面"上推出了模范警队的考核机制；针对单警，我们推出了单警的绩效考核管理办法，形成了一系列从点到面、从单警到警组的"组合拳"式的考核办法。这几年，上海法院通过全警大练兵、实战化大练兵，在专业技能方面取得了丰硕的成果。例如，2018年，我们拿到了上海法院司法警察历史上首个全国法院技能大比武总冠军；2019年，我们司法警察参加世界警察运动会，拿到的金牌和奖牌总数都是全国第一。

另外，我们根据时代的发展和任务的需求，正准备推出十个警务人才培养工作室。人才培养工作室是司法警务人才的孵化基地，通过这个基地来带动更多人才发展，带动整个警队的训练，使警队的专业技能向更高层次迈进，以适应上海这一超大城市法院保障任务的需求。

主持人：刚才王总讲到要培养通才，那也要有专才的培养。我想大家一定想知道你们怎么来抓实、抓深内核的发展，就是我们前面所说的核心价值观的打磨。彭政委，咱们是怎么做的？

彭晓根：司法警察仅有能力是不够的，还要有内在的驱动力，也就是我们司法警察的核心价值观。这个核心价值观归根结底就是习近平总书记对人民警察提出的"对党忠诚、服务人民、执法公正、纪律严明"四句话，这十六个字训词的落脚点就是在服务人民上面。

有一个案例可以跟大家分享。在新冠疫情刚刚暴发的时候，上海市浦东新区人民法院门口来了一位70多岁的老太太，是上访人，自称是病毒携带者。我们司法警察听到这个信息以后，立即跟警队领导进行了汇报，警队领导第一时间向属地公安和街道疫情防控部门打电话，查证后得知这位老太太是一位密切接触者。当时疫情刚刚暴发，我们也是很恐惧的，防护也很简单，就是口罩和一次性防护服，而且那个时候还没有疫苗。知道这个事情后，我们在保持一定距离的情况下，和她一路交谈，一直等到属地防疫部门的工作人员来接她为止。在这期间，在距上海市浦东新区人民法院门口500米左右的公交站，老太太两次要上公交车都被我们阻拦。我们当时完全可以按照疫情防控的要求，把这个老太太拒之门外，但对老太太本人负责、对公交车的乘客乃至对整个社会负责，是我们司法警察的职责所在。我们妥善处理了这一例涉及疫情的突发情况，为之后的疫情防控打下了很好的基础，为整个社会的疫情防控做出了贡献。

主持人：王总，在这个核心的价值观当中，您认为关键的点是什么？

王德成：习近平总书记对人民警察提出了十六字的训词，关键就是"对党忠诚"。"对党忠诚"对于我们人民法院司法警察来说，是灵魂工程，所以，上海市高级人民法院法警总队一直在灵魂工程上面持续用力，例如，2021年我们开展了"红色经典进课堂"和"十大感动瞬间"评选，我们与上海电台合作的法院院长在线"出发：我在法院当法警"等一系列活动，都是抓灵魂工程的具体体现。

另外，我们还突破了传统的模式，由室内向室外、由线下向线上进行转变。我们与江西南昌、贵州遵义、陕西延安等城市合作，开展主题党建活动，全国有500家法院近万名司法警察齐聚云端，分享党的故事，这被最高人民法院评为优秀案例，向全国法院进行转发。我们这几年通过抓灵魂工程，极大提升了全市法院司法警察对岗位的认同感和获得感。

代表点评

王运丹[1]

王总和彭政委都说得特别感人，我也特别有感触，前面几期节目我也一直在关注，咱们法警的工作做得很不错。从上海的角度来说，总书记对上海有个总体要求，就是上海要做改革开放的排头兵，要做创新发展的先行者。对我们司法工作来说，就是努力让人民群众在每一

---

[1] 王运丹，上海市人大代表、中国能源研究会常务理事。

起司法案件中感受到公平正义，所以上海法院和法警很重要。

今天王总说了一个数字，我刚刚听了，心算了一下，每天有近1万人来法院参与诉讼，所以，法警的工作是我们上海经济社会发展不可或缺的一个组成部分，做到真诚、温馨非常重要，但我也知道法警的总人数不多，才800多人，承担了这么大的工作量，说明这是一个非常完善的团队。正是有这样的团队，我感觉，作为上海的市民来说，非常温暖。

至于对上海法院法警的期待，我用两个关键词来表达：一是有温度；二是有获得感。温度刚才已经讲了很多了，获得感是什么呢？一个社会的正常运营要有各个方面的配合，要有各个方面的补充和完善。从获得感的角度来说，主要有两条：一是法警在岗的时候，要有支持，要有能力，要把法警职责内的事情做好。二是在八小时以外，法警也是公民，从公民的角度来说，怎么能够在社会中做一个模范代表，为社会和谐创造价值。这个团队的教育和建设，使得法警成为我们上海经济社会发展重要的组成部分。

（刘鲁豪　整理）

报道精选

筑牢新时代铁军"灵魂工程"[1]

文/郭燕　俞佳铖　廖丽君

他（她）们是法院里的第一道安全防线，保障每个关键节点的人和

---

[1]　郭燕、俞佳铖、廖丽君：《筑牢新时代铁军"灵魂工程"》，上海市高级人民法院微信公众号"浦江天平"，2021年12月29日。

物安全。他（她）们是法院里最坚强的蓝色"铁军"，面对猝不及防的突发事件挺身而出，冲锋在前。无论是风和日丽的平常，还是惊心动魄的时刻，他（她）们都努力做到最好，让司法有力量、有是非、有温度。他（她）们就是人民法院的司法警察！

守住安全"第一道防线"

"有个当事人来法院，安检时表现出明显的排斥，我察觉到异常，通过X射线检测仪图像，发现他的包里有一根钢钉，于是立马进行人工复检，很快又在他的腰带扣里面发现了一根折断的缝衣针。显然，这人是有备而来……"

2021年10月15日，上海市虹口区人民法院司法警察大队中队长陈宇峰，在演播室里与听众分享了这次"惊心动魄"的经历。他2012年进入上海市虹口区人民法院，专职从事安检工作，至今已近10年。

10年的专业培训，让陈宇峰练就了识别违禁物品、洞察当事人微表情的能力，没有秘密能轻易逃过他的"火眼金睛"，而在与其他同事的配合中，他（她）们还总结出了一套"查、辨、盘、控"四步工作法，形成了安检的"独门秘籍"。

"'查'就是严查，通过X射线检测仪、人工复检，不放过任何一个细节。'辨'就是细辨，仔细观察当事人的情绪、神态，通过检测仪的物品也要仔细辨别。'盘'就是详盘，一旦有可疑情况，立马进行询问。'控'就是稳控，发现不法意图或违禁物品后，第一时间控制住人和物品。"上海市虹口区人民法院副院长肖晚祥介绍道。

如此周密的安检流程，让电台听众忍不住点赞："那可不可以说：法院是最安全的地方？"

上海市人大代表、中国能源研究会常务理事王运丹获知上海法院年均安检量已达260余万人次、箱包260余万件次后也感慨，"这个数字几乎是上海总人口的10%。"

法警严格检查、保障安全是职责，然而仅仅如此是不够的。2021年12月24日，上海市高级人民法院司法警察总队总队长王德成在节目中与听众分享了一个小故事。

一次安检中，某基层法院法警让当事人把随身携带的物品拿出来接受检查，初查后存在疑问，便要求再次检查，当事人有了脾气，认为法警故意刁难他，把钥匙甩到了法警脸上，法警的脸顿时出了血。

这名法警刚从上海公安学院毕业，第一次被当事人这样对待，心里很委屈。警队领导得知后，带着法官找当事人释法，当事人最终跟法警道了歉。事后，警队领导又把这名法警叫过来，一起研究、分析这次安检的录像。

"你工作完全是按程序来的，没有不规范的地方，但你看看自己当时的表情，如果带一点微笑，结果是不是会不一样？"领导语重心长的话让这名法警"醍醐灌顶"。此后，他时常提醒自己，要多微笑，用微笑传递善意。

"法警不仅要严格执法，更需要通过我们的服务，化解掉人民群众的情绪和怨气，让他（她）们感受到司法的温度。"王德成说。

在细微处传递司法温度

除了安检，法警职责还包括庭审保障、协助执行、突发事件处置等，这些工作常常涉及形形色色的当事人。

有一次，上海市静安区人民法院法警顾骏送一位老太太回家，刚上车，老太太情绪失控，拼命用手捶打自己和前方座椅，顾骏见状，一把将老太太揽入怀中，"你打我吧，打我吧，只要你心里好受！"他一边说，一边死命保护着老人。

原来，老太太的儿子涉嫌倒卖含有上瘾成分的药物，被公安机关逮捕了。顾骏理解老太太的绝望，他就像大人抱小孩一样搂着老太太，轻声安慰她。

无独有偶，上海市徐汇区人民法院法警吴宗亮也曾遇到过一个精神障碍找不到回家路的老奶奶，他搬来椅子让老奶奶坐下。正午将至，日头很大，老奶奶仰头看向吴宗亮时，阳光正好照在她脸上，有些刺眼。吴宗亮担心老奶奶不舒服，便蹲下来与她交流，一蹲就是好久。

"听了故事好感动，那么耐心真的不容易，辛苦了，为好法警点赞！"网友"荷花美"收听后留言。

来法院的不只是案件的诉讼参与人，也是一个个活生生的人，他（她）们遇到了困难，自然会有满腔情绪，帮助他（她）们从"爆发"的状态中冷静下来，需要的是理解和共情。

为此，上海法院的法警队伍把"为当事人提供更加有温度的服务"作为追求，采取了一系列卓有成效的举措。例如上海市青浦区人民法院为来访群众搭设遮雨遮阳棚，方便当事人诉讼；上海市宝山区人民法院加强停车场查验和管理，及时清退一批"僵尸车"，解决了打官司"停车难"问题；上海市金山区人民法院以警队特色品牌"金法小课堂"栏目为抓手，开设"关键对话"专题培训，提升法警的沟通能力和群众工作能力；等等。

"每一名法院的工作人员，无论是法警还是法官、其他辅助人员，都应该有一颗爱心，有一颗公道之心，能使法院的每一起案件都得到公平、公正的处理，让人民群众在每一起司法案件中感受到公平、正义和人文关怀。"2021年11月26日，上海市青浦区人民法院副院长张卫东在节目中表示。

千锤百炼始成钢

"我的工作，某种意义上与'架构师'有些相似。"刚刚退休不久的上海市高级人民法院司法警察总队指挥中心办公室原主任孟辉这样定义自己为之奋斗了20多年的法警事业。

20多年前，他从海军航空兵部队转业到上海市高级人民法院司法警察总队，参与全市法院法警的能力建设、制度建设、队伍建设。作为决策管理部门，总队经常开展警务安全督察，通过"不打招呼"给基层法院制造"矛盾、冲突"，设计"冲击安检场所、携带假身份证意图混入安检场所、身上藏带违禁物品"等实景，以发现安全防范工作上的漏洞和隐患，督促下级法院法警部门将各项安全措施落到实处。

那时候，孟辉常常扮成"不怀好意"的"当事人"，突袭基层法院安检口。后来，他与同事在此基础上，总结提升出了"情显员"制度，通过挑选部分法警扮演"反方"，在训练中模拟实战情景，对特定突发情况有针对性地反复呈现，从而锻炼、提升其他法警的处置水平。

说到"情显员"，上海市浦东新区人民法院司法警察支队副大队长向望感触颇深。

在一次催泪瓦斯耐受度训练中，10平方米左右的教室里提前被喷入几瓶催泪瓦斯，浓度极高，一般人很难坚持超过两分钟。向望作为"情显员"，戴着护目镜和三层口罩走进房间，模仿持械暴力抗法的被执行人与法警纠缠。呛人和刺鼻气味已经让他难以忍受，更令他崩溃的是，在对抗过程中，自己的护目镜被蹭歪了，口罩也被扯掉了，当时他几乎要窒息，双眼泪流不止。

被搀到走廊后，向望咳了很久，他身上的胡椒味也散了一天才消失。

这样的实战"后遗症"，向望和其他"情显员"还经历过很多，但他（她）们一点也不后悔，"只有练时多流汗，方能战时少流血"。

刀在石上磨，人在事中练。"情显员"制度只是上海法院人才培养的内容之一。王德成在节目中介绍，上海法院警队注重人才的分层次培养，主要分为专才、通才两种类型。专才就是某方面技能特别突出的法警；通才则指能够胜任法警各个工作岗位的人。

　　为了培养专才，早在2010年，上海市高级人民法院就与上海市公安局合作，开辟了法警招录的新途径——通过公安警校定向委托培养法警，以此规范法警的入口关。经过十多年的培养，目前全市法院警队里，警院毕业生所占比例已高于50%，陈宇峰、顾骏、吴宗亮、向望……均在其列。

上海法院司法警察队伍

　　而为了培养通才，上海市高级人民法院正计划推出十个司法警务工作室，通过人才孵化基地的模式，带动警队专业技能训练向更高层次迈进，以适应上海作为特大型城市和重要口岸城市对法院警务保障工作提出的新需求。

"对党忠诚"是魂之所在

　　"刚才讲到要培养通才，也要培养专才，我想听众朋友们一定想知道，法院是怎么样抓实、抓深的？这些人才的内核发展，就是我们所说的核心价值观吗？"在第十期节目中，主持人钟姝向两位嘉宾抛出了这样的疑问。

"这个核心价值观，就是习近平总书记对人民警察提出的'对党忠诚、服务人民、执法公正、纪律严明'十六字训词。通俗一点讲，就是肯为诉讼参与人奉献、牺牲我们自己。"上海市高级人民法院司法警察总队政治委员彭晓根答道。

在第三期节目中，为了保障上海重大案件执行，1989年出生的上海市崇明区人民法院司法警察大队副大队长倪少华不顾零下七度的寒冷，毅然跳入河中，营救抗拒执行的被执行人，被评为崇明区"瀛洲好人"。

在第七期节目中，为了支持全国法警"一盘棋"，上海市第二中级人民法院司法警察支队副科长杨成欢借调至三巡，他初生牛犊不怕虎，主动承担起制定三巡"第一槌"警务保障方案的重任，并积极听取三巡警队、"娘家"上海市第二中级人民法院警队经验，提前组织模拟演练，最终保障了方案顺利执行。

在第九期节目中，为了更好地协助法官处理涉外纠纷，上海海事法院法警杨喜平将文书和船舶证书放在第一位，优先保证资料的安全，然后与执行法官一起迎着风浪，冒着踏空落海的生命危险，毅然登轮，完成解除船舶扣押的工作。

王德成在节目中提到，2020年6月，《最高人民法院关于人民法院司法警察依法履行职权的规定》审议通过，明确了法警的十大工作职责，其中一个重大改变就是法警由被动执法向主动执法转变。以往，法警主要根据审判长指挥采取强制措施，新规明确，符合一定的条件，法警可以主动采取拘留、罚款等强制措施。

"这样的转变，就是要求人民法院司法警察主动履职，对当事人的安全提供更加有力的保护。"王德成说。

听了法警的故事，王运丹代表很受触动，"上海法院法警工作很不错，它是上海整个社会经济发展不可或缺的组成部分，做到真诚、温馨非常重要。我也知道上海法院法警人数不多，才800多人。这正说明它是一个非常完善的团队。"

"上海市高级人民法院党组书记、院长刘晓云对我们司法警察队伍提出了'要坚持政治建警、能力强警、形象塑警，打造新时代司法铁军'的总目标。下一步，我们将紧紧围绕这一目标，扎实推进各项工作落地，在新的起点上展现上海法院司法警察新担当新作为。"谈及未来，王德成信心满满。

荣誉清单

王德成

2009年上海市第二中级人民法院优秀共产党员

2010年上海法院系统个人嘉奖

2011年上海法院系统个人三等功

2011年上海市第二中级人民法院优秀共产党员

2017年上海法院系统个人三等功

2018年上海高院机关优秀党务工作者

2019年上海法院系统个人二等功

2021年上海法院系统个人嘉奖

彭晓根

2000年上海法院先进工作者

2002年上海法院先进工作者

2007年上海高院机关优秀共产党员

2008年上海法院系统个人嘉奖

2010年上海法院系统个人三等功

2011年上海法院系统个人嘉奖

2017年上海法院系统个人三等功

2019年上海法院系统个人嘉奖

拾壹

精诚所至

出发，总是好的

它象征着一种出离

更是必须面对的另一个开始

——三毛

2018年以来上海法院司法警察取得的荣誉（国家级、市级）

全国法院司法警察先进集体

2018年度　上海市虹口区人民法院司法警察大队

人民法院司法警察先进集体

2021年度　上海市闵行区人民法院司法警察大队

全国法院先进个人

2019年度　上海市嘉定区人民法院　韩王莹

2021年度　上海市嘉定区人民法院　兰钊

全国法院司法警察先进个人

2018年度　上海市浦东新区人民法院　高军

2018年度　上海市宝山区人民法院　丁伟

2018年度　上海市第一中级人民法院　余江

2018年度　上海市第二中级人民法院　王新民

人民法院司法警察先进个人

2021年度　上海市高级人民法院　周玉建

2021年度　上海海事法院　王新峰

2021年度　上海市虹口区人民法院　张福妹

2021年度　上海市青浦区人民法院　夏昊

上海法院集体二等功

2018年度　上海市黄浦区人民法院司法警察大队

2021年度　上海市虹口区人民法院司法警察大队

上海法院个人一等功

2019年度　上海市金山区人民法院　颜娉婷

2020年度　上海市杨浦区人民法院　江豪骏

2020年度　上海市第一中级人民法院　陆清宇

上海市青年五四奖章集体

2018年度　上海市闵行区人民法院司法警察大队青年团队

上海市青年五四奖章

2019年度　上海市嘉定区人民法院　韩王莹

2019年度　上海市青浦区人民法院　沈瑜

全国抗击新冠肺炎疫情青年志愿服务先进个人

2020年度　上海市青浦区人民法院　夏昊

2018—2019年全国无偿献血捐献造血干细胞奉献奖

上海市青浦区人民法院　沈瑜

2018年全国法院司法警察教练员教学技能竞赛

团体总分第一名　　　　　上海市高级人民法院法警总队

警务基础理论类一等奖　　上海市金山区人民法院　颜娉婷

思想政治理论类二等奖　　上海市嘉定区人民法院　兰钊

警务实务类二等奖　　　　　　上海铁路运输法院　洪波
警务技能类三等奖　　　　　　上海市徐汇区人民法院　柏乐

2019年第十八届世界警察和消防员运动会

女子铁人三项金牌　　　　　　　上海市第一中级人民法院　陆清宇
空手道茶色组实战男子75—80公斤级金牌

　　　　　　　　　　　　　　　上海市杨浦区人民法院　江豪骏
空手道茶色组男子套路银牌　　上海市杨浦区人民法院　江豪骏
男子105公斤级卧推银牌　　　　上海市静安区人民法院　薛巍
男子105公斤级硬拉卧推组合银牌

　　　　　　　　　　　　　　　上海市静安区人民法院　薛巍
男子83公斤级卧推铜牌　　　　上海市第三中级人民法院　徐以俊
男子83公斤级硬拉卧推组合第六名

　　　　　　　　　　　　　　　上海市第三中级人民法院　徐以俊
室内划艇第六名　　　　　　　　上海市杨浦区人民法院　龚隽

延伸阅读[1]

弹指一瞬间：上海法院四位司法警察的人生剪影[2]

文/严剑漪

生活不可能像你想象的那么好，也不会像你想象的那么糟，柔软的、坚硬的、快乐的、悲伤的，一段段岁月交织成一个个普通人的一生。

世界的某个角落有他救过的孩子

沈瑜静静地躺在病床上，妻子坐在一旁，手里拿着一张红色贺卡在给他看，贺卡上写满了字：

"……一年前，当我得知自己被确诊了白血病之后，如同晴天霹雳，全家人也随着陷入无限的悲痛及无助中……当我濒临绝望差点就要放

1　图片摄影：奚晓诗、叶人杰等。
2　严剑漪：《弹指一瞬间：上海法院四位司法警察的人生剪影》，《人民法院报》2021年11月22日，第5版。

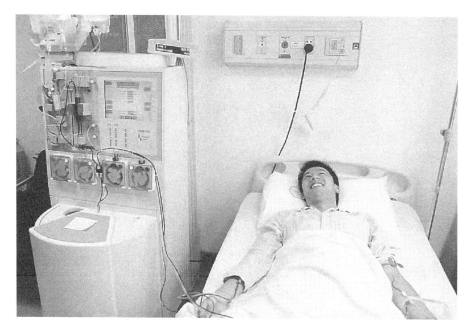

沈瑜捐献造血干细胞

弃时，您的出现如同黑暗中的一束光，照亮了我的生命，让我重拾了活着的希望。亲爱的陌生人，您是我和我们全家的恩人，感谢您的奉献，让我的生命得以延续……"

写信的是一位患了白血病的17岁少年，三个月前，上海市红十字会的工作人员打电话给沈瑜，接着体检、通知、谈话、签字……整个捐献流程仿佛是一场赛跑。

谁没有过艰难的时刻呢！沈瑜躺在病床上，想起大学毕业时，自己为了找一份工作而四处碰壁，从战战兢兢拿着简历递给招聘单位，到不管"三七二十一"厚着脸皮"杀"入公司直接问："你们这里招人吗？"他就像一条急着要下河的鱼，忙乱、迷茫、浑浑噩噩，今天不知道明天会怎样。

沈瑜怎么也忘不了那一幕——那天，他已经应聘为一家批发公司里的销售员，带教师傅通知他早些到公司来。他兴冲冲赶到，以为有什么业务单子要做，没想到师傅看了他一眼，哼了一声："老板说你还年轻，让你去仓库帮忙搬东西。"

沈瑜心里一落，问："我们不是跑销售的吗？"

"老板叫你干，你不干？老板要求的！"师傅生硬地回答。

于是，在一个极其炎热的夏日里，在一个没有空调的小仓库里，刚刚大学毕业的沈瑜一箱又一箱地搬着饮料，箱子很重，有20多斤，汗水一点一滴地淌下来，很快，身上的衣服都湿了。

人要在社会上吃口饭真难！三个月后，沈瑜拿到了警校录取通知书，他笑得合不拢嘴，而那段让他苦苦挣扎的岁月，也永久地刻在了他的记忆里，融进了他的身体里。

一次，沈瑜在法警大队办公室午休，突然对讲机响起保安的声音："有人翻越法院大门！"

沈瑜二话不说立即带着特保赶到院门口，他看见一名40多岁的男子已经被保安控制。

"你这个行为严重违反了法律规定，情节恶劣，怎么可以随意翻越法院大门呢？！"沈瑜严厉地对男子说道。

男子看着沈瑜，毫无反应。

沈瑜气不打一处来，正要继续吼，突然保安对他说："这个人是聋哑人，听不到。"

聋哑人？沈瑜的脸绷不住了，只见眼前的男子从怀里拿出纸和笔，写了起来。

"你到那里坐下写。"沈瑜赶紧示意男子坐到旁边遮阳棚下的椅子上。

"我从崇明过来，找了很久，才找到这里，但我不知道从哪个门进来，不好意思……"男子写道。

"你过来办什么事情？我有什么可以帮到你？"沈瑜蹲下身，在纸上写着问男子。

"我老婆要和我离婚。"男子一笔一画地写。

"你这样的情况，最好有个家里人能陪你过来，这样沟通起来比较方便。"

"我家里没有其他人了，就我一个人。"男子黯然。

沈瑜叹了口气，转身跑向院内的立案大厅，然后拿来一套法院印刷好的离婚诉讼指引材料给男子，这是法院专门为引导当事人诉讼准备的。

"这个东西怎么写，有什么用？"男子有点错愕，看着材料一脸茫然。

沈瑜这才意识到，眼前的这个人对法律一点儿都不懂。"你可以先到律所去问问，能不能给你提供法律援助。"沈瑜耐心地给男子写下青浦区律协的电话和地址，同时叮嘱他其他注意事项。

离开时，男子紧紧握住沈瑜的手，一再竖起大拇指。沈瑜挺欣慰，能帮别人一把就帮别人一把，大家都不容易。

"以后周末有空了，我们去做点公益什么的吧。"沈瑜对妻子说。

自从有了娃之后，沈瑜看不得别人家的小孩儿受苦，总想为那些孩子做点事，这次捐献骨髓，他是青浦区第12例、上海市第411例的造

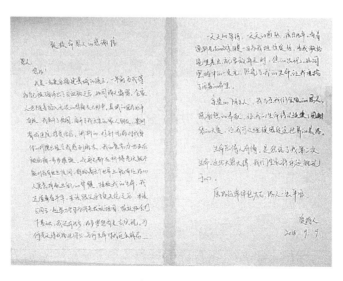

沈瑜收到的感谢信

血干细胞捐献者，红十字会的志愿者特地给他送来了受捐孩子的贺卡。

能够在世界的某一个角落，有一个自己救过的孩子，这让沈瑜觉得很庆幸，也很神奇。

"哎，听说接受我的造血干细胞后，那孩子的性格可能会慢慢像我，长相也会慢慢像我，我们俩之间的匹配程度比我跟儿子还高呢！"沈瑜对妻子说。

妻子笑了。

"你打我，你打我"

"你打我，你打我，只要你心里好受些！"顾骏紧紧抱着84岁的老太太，老人不停地挣扎，顾骏死命抱住，老人发狂般地举起拳头，一拳一拳落在顾骏的脸上、肩上、身上……

顾骏从小在外婆身边长大，外婆很疼他，他怎么也没想到，有一天会有一个和自己外婆年龄差不多的老人抡起拳头打他。

那天中午，正在楼里执勤的顾骏忽然听到对讲机里的呼叫：安检大厅有状况！

顾骏赶到那里，只见一位白发苍苍的老太太正躺在长凳上不停地扭动上身，大喊大叫。老人下身瘫痪，身旁停着一辆轮椅。

原来，这位老太太的儿子因涉嫌贩卖毒品罪被公安机关逮捕，并送到了看守所。老人有一子一女，女儿长年在国外，对父母不闻不问，眼见着唯一在身边的儿子被带走，老人无法承受这样的结果，于是她叫上保姆，坐着轮椅来到了法院。

"你先走吧！"到了法院立案大厅后，她支开了保姆，随后开始吵闹起来，当有法警试图上前把她抱上轮椅时，老人拼命推搡着，把轮椅上的帆布都扯坏了。

"你们把我儿子放出来！"老太太大声喊着，救子心切的她希望通过这种方式来"换回"儿子，只是，这样的目的根本无法实现。

法警大队的政委一遍又一遍与老人谈心，顾骏和几个同事也在边上劝导，接着刑庭庭长也赶了过来，给老太太解释法律规定。

时间一久，老太太似乎平静下来了。

"我们送您回家吧！"看到老太太情绪好了一些，顾骏协助同事们一起抱起老人，上了一辆警车。没想到，意外发生了！

老太太突然发作起来，不停地用手抽打自己的脸，刚坐上车的顾骏赶紧拉住她的双手，避免她受伤。随即，老太太用头到处乱撞，前排的椅背、车窗、车顶，凡是能撞的地方她都不顾一切地撞过去。

顾骏有些始料不及，他不敢用力，但看着老人的情绪越来越糟糕，他只得一把抱住老人。于是，老人的双拳雨点儿般地落在他身上。

"你打我吧，打我吧，只要你心里好受！"顾骏一边说，一边死命保护着老人。

"反正我也见不到儿子了，死就死了！"老人的力气很大。

"发泄出来就好，你打我！打我！不要把自己弄伤了！"顾骏不停地说。

好不容易车开到老太太家，街道办的干部已经等在那里。出发前，警队联系了当地居委会。

老太太的家是一间40多平方米的老屋，家具很旧，顾骏等人合力把老人抱到床上，老人又开始脱衣服，一件又一件，随后声嘶力竭地哭了起来。

"儿子以后放出来了，我可能也不在了！"老人喊着，顾骏感到很难受，脖子上还留着老太太撕扯出来的伤，是啊，儿子一走，她就几乎是个孤老了！

人生如戏。6年前，顾骏还没进法院，他以为法警工作就像电视里的法治节目，协助法官开庭就行了。等到踏入法院，他才明白，法警除了提押、开庭，每天还会面临很多琐碎的事情和突发的情况。

一次，一个30多岁患艾滋病的男子因盗窃被判刑，当听到宣判结果后，他反应激烈，张嘴就想咬人。站在男子身后的顾骏和另外一名法警赶紧上前按住他的肩膀，但男子竟然开始咬起自己的手，并不停地把伤口处的血喷向顾骏等人。此时，大队长一个箭步冲上前，用手紧紧顶住男子的下巴，随后更多的人拥上来，这才控制住了疯狂的男子。

还有一次，顾骏开车回院，发现院门口聚集了很多人。原来，一名当事人拿着刀片在门口割脖子，法警队的文员迅速冲上去捂住当事人脖子处的伤口，足足半小时，直到救护车赶来。顾骏回院的时候，地上还留着一大摊的血，很黏、很稠。

做法警也是有生命危险的！顾骏第一次深刻地感受到。他想，如果当时是他看见那男子割脖子，他会不会冲上去？应该也会吧。也许犹豫一下？但肯定会冲上去，身上的这套制服会让他毫不犹豫地去做，可惜外婆没有看到自己身穿警服的样子！顾骏有一丝遗憾。

顾骏从小跟着外婆长大，4岁的时候，有一天他吵着要看爸妈，于是外婆抱着他在汽车上站了足足7小时，从老家赶来上海，让他见父母。

顾骏长大后，每年新年、暑假都会回老家看望外婆。外婆很疼爱这个外孙。一次，顾骏因学校有事急着在新年里坐车回上海，没来得及和外婆告别，没想到外婆那天一直惦记着他。

"顾骏呢，顾骏怎么还没有来？"外婆问叔叔。

"顾骏已经走了。"叔叔回答。

外婆有些失落，她在枕头下悄悄藏了一个300元红包准备给外孙，虽然之前她已经给过外孙压岁钱了。

顾骏上大一的时候，83岁的外婆走了。每次走在路上，看到白发苍苍的老人，顾骏总会想起外婆。

"如果外婆看见我做了警察，一定很开心。"顾骏想。

爱的就是你

2021年8月的一天，孙海凤和警队同事们在东华大学完成训练，坐车准备回院。

突然，坐在副驾驶座位上的孙海凤大喊一声，她瞥见不远处一个穿粉红色衣服的女孩躺在地上。

孙海凤小时候是个假小子，留着一头短发，成天和部队大院里的男孩子混一起，荡秋千、爬桃树、骑三轮车。她还喜欢跟着大院里的叔叔们出去买菜，叔叔们踩着三轮车，她拿个小板凳坐在车上悠闲自得。她也喜欢和父亲一起出去偷偷钓鱼，父亲常常扎紧裤管，把钓来的鱼藏在裤腿里。

但孙海凤更喜欢自由，读书时渴望自由，在部队医院做护师时渴望自由。自由对于她而言就像空气，没它活不了。

在部队医院做护师时，孙海凤最感兴趣的是手术室，那里仿佛是另外一个世界，车祸的、生孩子的、阑尾切除的……一次，有个因车祸肝脾破裂的患者被送进来，手术才进行到一半，患者突然血压下降，医生直接用手给患者心脏做按压，但可惜还是没有救回来。

4年后，孙海凤转业，她没想到自己的护师技术对于法警工作来说特别重要，例如开庭前提押被告人。

一次，孙海凤去看守所提押一个女性被告人，提押前，她像往常一样询问被告人身体情况。

"我以前有过心脏不适。"被告人说。

于是，在前往法院的途中，孙海凤特别关注这名被告人。果然，没多久，被告人开始抽筋，浑身虚汗，脸色苍白，两只手很僵硬。

孙海凤赶紧测了一下被告人的脉搏，还好，可能是晕车或者紧张引起的，也有可能是手过度用力引起的手部肌肉痉挛。她开始为被告人做手部按摩，等到车辆到达法院，被告人已经基本恢复正常。

"还好你懂医学知识！"有人说，孙海凤笑笑。

"那里有个人！"8月的那天，眼尖的孙海凤大喊一声，司机立即停车，孙海凤冲下车跑到女孩身边。

女孩的手冰凉，脸色苍白，大汗淋漓。孙海凤拍了拍她的肩膀，女孩也没什么反应。

呼吸还有，脉搏也正常。孙海凤初步诊断女孩可能是低血糖或者中暑了，她立即让同事们拿来矿泉水，缓缓喂给女孩，慢慢地，女孩睁开了双眼。

"你怎么啦？"孙海凤问女孩。

"我也不知道怎么晕倒了……"女孩不好意思地回答。

此时，同事找来了学校的老师和同学，女孩慢慢站起了身。

"20岁的小姑娘，这么热的天晕倒在路边，周围也没什么人！"孙海凤特别心疼这个大学生。

十箱咸鸭蛋的故事

"高老师，有人给你寄了十箱咸鸭蛋过来！"门卫对高民说。

"啊？"高民一愣，随即猜出谁是送咸鸭蛋的人了。

高民的办公室在中控室一旁，隔壁就是男厕所。每天一旦听到法院外面有任何吵闹声，哪怕是隐隐约约，他的神经系统便会全面启动："怎么回事？什么地方又不对了？"然后立马飞身冲出去。

在法警总队保卫科干了15年，爬电线杆的、浇汽油的、脱衣服的，高民见过各种形形色色的人。

刚开始接待信访人时，高民天天怕上班，上班就都是烦心事，常常人还没有走进办公室，外面的叫喊声已经此起彼伏。高民心里那个烦啊，他感觉自己和这些信访的人没什么差别，天天和他们扯嗓子说话，肺大泡都快气出来了！

时间一长，他慢慢回过神来，不能这样下去，自己的岁数上去了，人家不过就是来信访的，大家可以聊聊嘛。

聊，是高民的强项。他曾经一人带着8名保安，一年接待信访人达一万多人次，有些当事人一看到高民就发怵："你太会唠叨了，我今天先回去了！"

那么会聊，归功于高民的阅历丰富。

20世纪60年代出生的高民高中毕业后，早早来到厂里干电焊、烧锅炉，两年后，高民报名参军，成为一名坦克兵。

"目标正前方！"指挥官在瞭望台上高声指挥，高民猫着腰，在坦克里不断练习瞄准、发射。不过，两年里，高民真枪实弹发射的也只有8颗炮弹。

第三年，高民申请去了炊事班，恁大的一个锅灶，他搞了半天生不起火。

"坦克兵，柴油这么多，浇一点不就燃了嘛！"同样来自上海的炊事员提醒这位小老乡。

高民马上掌握要领，很快学会了点火、切菜和烧煮，然后开始给上百号人做饭。

部队转业后，高民来到法院，先是在车管科工作。2007年保卫科成立，他正式做起维稳的活儿。此后，保卫科改名为第三支队，高民担任副支队长主持工作，主要负责法院机关安保和涉诉信访维稳。

"天天吵吵闹闹挺好，上午吵一批，下午吵一批，然后时间就结束了，我还没过瘾呢！"高民说话特别逗，天大的事儿在他这里都不叫事儿了。

其实高民是个特别仔细的人，接待信访人之前，他喜欢看卷宗，研

高民

究信访人的特点。"做维稳工作必须要站在信访人的立场来考虑，没有必要和他们成为对立面，大家都是公民，"高民和科里的人说，"我不办案，但每个信访人的性格和脾气我要去了解，有的人生活很苦，我们与他好好沟通；有的人蛮横无理，那我比他还要狠！"

有人说，高民这种特殊的气质让他的维稳工作开展得有条不紊。

有一名中年男子天天到基层法院门口信访，而且动不动就爬电线杆。一个寒风凛冽的冬日，男子来到上海市高级人民法院门口，如法炮制地爬上电线杆，引来了不少路人围观。消防员们在周围紧急布控，谈判专家也过来和男子沟通，但男子就是不下来。

看到这一情形，高民扯着嗓子对着男子一顿大吼。怪了，男子乖乖地下来了！谈判专家狠狠拍了一下高民的肩膀，"你可以的，把人给骂下来了！"

其实不是骂，是恨铁不成钢。高民很了解这个信访人，男子以前做地摊生意，自从上访后，地摊也不摆了，家里生病的老婆也不太管了，整天就想着如何通过信访来"弄"点钱，人也越来越邋遢。

高民根据男子的特点，开始和他"亦正亦邪"地聊，日子一天天过去，男子慢慢也听得进高民说的一些话了。

一次，男子说得兴起，从包里拿出一粒糖递给高民，因为常年信访，男子的包里一直常备饼干和糖作为干粮。看着男子一双脏兮兮的手，高民不露声色地接过糖，拨开糖纸，放进嘴里吃了起来。

这可把男子乐坏了，高民吃了他的糖，这不就是把自己当朋友看了！从此，男子视高民为"兄弟"，虽然他心里还是想"弄"钱，但不再像原来那样激烈了。

过了一段日子，门卫突然叫住高民，"高老师，有人给你寄了十箱咸鸭蛋过来！"

"啊？"高民一愣，随即猜出谁是送咸鸭蛋的人了。

"这十箱咸鸭蛋是谁买的？"高民打电话到快递地址上的专营店。老板一查，果然是男子买的。原来，男子想着和高民的"交情"不错，便送点"礼"过来。

"那个人呢？我要把咸鸭蛋退回去。"高民说。

"我不认识那个人啊，也不知道退回到哪里去！"老板一听急了。

高民于是打电话给男子："你来，咸鸭蛋的钱我一定要给你的！"

"哎哟，你帮我办好，以后我请你吃饭！"男子在电话里哼哼哈哈。

挂完电话，高民把十箱咸鸭蛋交给总队，总队交给纪检部门。此后，每当高民接到男子的电话时，都嚷着让男子过来拿咸鸭蛋的钱。

"别别别！"男子在电话里说，从此再也没有出现在法院门口，他怕高民还他钱。

高民仍然每天在保卫科上班，有年纪大来信访的，他就和人家聊过去吃过的苦；有浑身涂满汽油来闹事的，高民二话不说就和特保一起控制来人；有手拿打火机点燃棉衣的，他和同事们上去就扑灭火星子。

"不要认为今天把这个人劝走了，今天的事情就结束了。这有什么意思呢，得过且过的，要设身处地去给老百姓解决问题。"高民每天挑着眉毛，说着真心话，做着真心事儿。

时间有三种模式：过去永远静立不动；现在像箭一样飞逝；未来姗姗来迟。等到人生的最后一天，你能记住自己人生中哪些瞬间？

幕后心语

瞬间+瞬间+瞬间……=幸福人生

文 | 严剑漪

2021年的初冬，上海市高级人民法院司法警察总队正紧锣密鼓地准备全市法院司法警察"十大感动瞬间"的评选活动，记者有幸采访了候选人中的四位，一下子被他（她）们的故事感动了。

很多人都不知道司法警察是干什么的，司法警察是属于公安系统还是法院系统？司法警察和交警有什么差别？司法警察工作是不是比较轻松？甚至在记者采访顾骏、沈瑜、孙海凤、高民时，也发现他（她）们当初进入法院时也不是都很清楚司法警察的工作内容和职责。

然而，时间是"一枝向前延伸着的绚丽藤蔓"，在从事多年司法警察工作之后，他（她）们各自独特的人生经历、高度负责的工作态度、内心无处不在的善良，全部融化在了每一个普通的日子里，融化在了工作的一点一滴中，他（她）们用自己一个又一个的瞬间完美诠释了司法警察的职业精神——对党忠诚、服务人民、执法公正、纪律

从左到右依次为：沈瑜、高民、孙海凤、顾骏

严明！

"你喜欢司法警察这个工作吗？"采访中记者忍不住问四位被访者。

"喜欢！"他（她）们异口同声地响亮回答。

无论是为少年捐献造血干细胞的沈瑜，还是对老人饱含同理心的顾骏，或是喜欢自由的孙海凤和"亦正亦邪"的高民，无论是90后、80后、70后还是60后，他（她）们都找到了自己人生的幸福感。

这个世界上从来没有最好的，只有最合适的。如果我们每个人都能够过好自己岁月中的很多个瞬间，那么这个人的人生便足以算得上幸福。

后　记

··

从"真"出发

有一种力量，可以永葆初心；

有一种力量，可以坚守信仰；

那就是——真，

真实、真诚、真心、真意，

《出发——我在法院当法警》，就如此。

2021年10月15日—12月24日，这是一段值得回味和纪念的日子。此前，上海市高级人民法院与上海人民广播电台已合作多年"法院院长在线"电台访谈节目，这一次，创作团队大胆创新，策划了十期"我在法院当法警"专辑访谈。

"司法警察有那么多内容可以访谈吗？"筹备之初，有人问创作团队。

对于很多人来说，"司法警察"这个词儿既熟悉又陌生，站岗、安检、押送犯人，还有法治专题片里一晃而过的值庭镜头，这几乎是大多数人对司法警察的第一印象。那么，真实的司法警察究竟是怎样的？他（她）们是怎样的一个群体？支撑他（她）们默默无闻、辛苦付出的内在动力是什么？

2021年9月22日—27日，上海市高级人民法院法宣处和司法警察总队组成六人小组，用了五天的时间，"地毯式"地对上海市三级法院的司法警察部门领导、司法警察代表进行集中采访。

采访很累，但采访的结果令人欣喜。在仔细聆听了司法警察的故事后，六人小组被司法警察们的喜怒哀乐打动了，他（她）们中有的人胸有千言万语却羞于表达，有的人回忆青葱岁月时谈笑风生，还有的人谈及家人时落泪哽咽。奋斗、犹豫、努力、坚持，每个人都在真实地做着自己。

"这些故事太好了！"结束采访后，创作团队十分兴奋。十期访谈框架和内在逻辑初见雏形，从个人成长到警队建设，从司法警察职责到价值观探索，从上海各家法院到最高人民法院的三巡，再到面向涉外当事人的专门法院，一张多方位、多角度的全市法院司法警察"全景图"跃然纸上。

说干就干，整理资料、设计海报、撰写采访提纲、挑选各院精兵强将，在头脑风暴了N次后，创作团队把这期专辑的名称定为《我在法院当法警》，原因是——简单、好记、朗朗上口，最重要的是，中央电视台有部纪录片叫《我在故宫修文物》，那里面呈现的"对工作的极致认真和对历史的极度敬畏"与司法警察的内在精神存在相似，谁说司法警察的工作不是个"艺术活儿"呢?!

事实也正如创作团队所预见的那样，十期电台专访收获了来自社会各界的好评，节目内容被学习强国、最高人民法院官微、今日头条、阿基米德、知乎、抖音等媒体纷纷转载转播，累计浏览人次达110万，

《人民法院报》还整版报道了6000余字的上海法院司法警察群像稿——《弹指一挥间》。人大代表、热线听众、法院同仁、网友、律师、记者们都被一种力量所感染，那就是节目中传递出的——真！

"真"有很多内涵，真实、真诚、真心、真意。

首先，真实。每个人都会有害怕，即使在你奋不顾身的时候。

32岁的上海市崇明区人民法院司法警察大队副大队长倪少华在零下七度的寒日里，为了救一名被执行人而跳入河里。当水渐渐淹到胸口时，窒息感让他开始害怕，身上那件来不及脱下的制服此时也不断地把他沉沉往下拉。上岸后，脱险的倪少华浑身发抖，同事们马上把他送回家。那天，他泡了这辈子最久的一个热水澡，将近三小时，皮肤都泡白了。

"如果让你重新再选择一次，你还会跳吗？"有人问他。

"应该还会的。"他回答。在倪少华眼里，暴力抗法既是对生命的不尊重，也是对法律尊严的挑战，作为一名司法警察，不能忍。

其次，真诚。即使你抱怨甚至发怒，我也理解你，不怪你。

上海市静安区人民法院年轻的司法警察顾骏碰到了一位不讲理的老太太。老太太80多岁，下半身瘫痪，因为儿子前一天在法院被公安带走，她在法院嚷嚷着要把儿子要回来。

警车里，老太太发疯似的用手敲打靠椅坐垫，甚至抽打自己耳光，顾骏赶紧抓住她的两只手，她又开始用头不分方向地乱撞，顾骏立刻将她搂住，绝望的老太太不断用手挥打顾骏。

"没事，打我，打我就行！"顾骏紧紧地搂住她。

当顾骏和同事把老太太送回家抱到床上后，老太太躺在床上号啕大哭，哭得令人心疼。

"谁的家里没有老人呢！"顾骏感慨。是啊，人老了，唯一可以依靠的孩子也不在身边，这是多么深的一种孤独和悲哀！

再次，真心。孟辉是此次电台采访的嘉宾中年龄最大的一位，60岁的他原是上海市高级人民法院司法警察总队指挥中心办公室主任，从事司法警察工作整整20年。

进入法院前，孟辉是航空兵部队的一名飞机机械师，他的工作是在飞行员飞行前进行检查，无论多么有经验、多么熟悉动作，都必须严格依照条目"按图索骥"，确认飞机内外部结构、组件正常。在他眼里，只有制度的严格才能保障飞行的安全。

进入上海市高级人民法院司法警察总队后，孟辉成了一位"架构师"，参与警队的各项制度、标准制定工作。孟辉的可贵在于，他虽然没有冲在安检、值庭、押解的第一线，但他在20年中默默耕耘着一线队伍，他的目标是为上海法院训练出一支政治过硬、技术过硬的司法警察队伍。

孟辉前往电台专访的那天正巧是12月10日，是上海市高级人民法院原副院长邹碧华去世7周年的纪念日，他说很想念邹院长，当年正是在分管院长邹碧华的主导之下，上海市高级人民法院司法警察总队设置了警务指挥中心，扩展了警政科的业务内容。

"总结司法警察最重要的品质，您会怎么来定位？"主持人问他。

"我认为是忠诚，只有以忠诚为基础，你才能勇往直前！"孟辉毫不犹豫。如今，孟辉已经退休，但他的"弟子们"仍然对他的认真和执着念念不忘。

最后，真意。能力再强，最重要的是内心的善良。

孙海凤是一名女法警，她原在部队学医，后来转业到了上海市第一中级人民法院。有一年暑假，孙海凤所在的警队前往东华大学训练，返程途中，她发现校园的路上躺着一个女孩，她立刻冲下车，通过专业的急救技术让女孩转危为安。

还有一次，一名女被告人由于长期关押在看守所，十分思念家人。

开庭前，孙海凤押解她去法庭，她偷偷跟孙海凤说想看一眼家里人。孙海凤告诉她法院开庭时的纪律不允许这样，唯一可行的是"你进法庭的时候，可以走慢点，看一眼家里人"。开完庭，被告人对孙海凤感激不尽，直到送回羁押室，被告人又说了一遍"谢谢"。想要挽救一个人，要从心入手。

"去听，去理解，去感同身受。"孙海凤说。她年轻时最喜欢听的歌是《爱的就是你》，如今听到这首歌，她的眼中还会有晶莹的泪水。

"你现在最爱的人是谁？"有人问。

"孩子吧！"孙海凤回答。

真实、真诚、真心、真意，十期访谈在电波的传递中引发网友共鸣：

——生死营救，有法可"医"。

——女法警英姿飒爽，致敬女警花们！

——对待老人像春风一样沁人心脾，而面对危及人民生命财产安全时，他（她）们义无反顾，全然不顾自己。

——日常生活是最好的"磨刀石"。打磨本领的锋芒和淬炼心性的光芒，是完成脑海中那个轮廓的必经之路。

——法警们很辛苦，为公平公正的实现付出了很多，用善良和法律规则为人民服务，向法警们致敬、点赞！

一句又一句的认同和肯定，让上海法院的司法警察们很受鼓舞。在第十期访谈中，作为嘉宾之一的上海市人大代表、中国能源研究会常务理事王运丹在听完上海市高级人民法院司法警察总队总队长王德成、政治委员彭晓根的讲述后深受感动："上海法院司法警察的工作是上海社会经济发展不可或缺的组成部分。上海法院司法警察人数不多，才800多人，这正说明它是一个非常完善和健全的团队，让上海市民感受到了温暖。"

　　"真"的力量很大，它鼓舞着每个人去超越自己。为了如实呈现这份"真"，上海市高级人民法院法宣处新闻科科长严剑漪熬夜与电台主持人钟姝沟通选题内容，每次一聊就是两三个小时；新闻科的郭燕鼓起勇气从幕后走向台前，捕捉每期司法警察故事背后的深意，面对演播室里的话筒侃侃而谈；上海市高级人民法院司法警察总队丁欣副总队长、指挥中心办公室赵耘主任更是带领韩王莹、胡弘亮、朱开天、李多全情投入，层层筛选、"步步紧逼"，在最短的时间内完成了艰巨的选题和选人工作，并全程参与每一期电台访谈，细致做好后勤保障。

　　当陈宇峰、龙登峰、倪少华、孙海凤、顾骏、吴宗亮、沈瑜、杨成欢、黄楷、孟辉、向望、杨喜平这些优秀的上海法院司法警察代表们走入电台演播室时，他（她）们的背后是给予他（她）们力量的所在法院，他（她）们的心中是永不熄灭的理想情怀，而跟随在他（她）们后面的，是汹涌澎湃的一支新时代蓝色铁军队伍！

　　感谢上海广播电台主持人、荣获中国播音主持金话筒奖、SMG优秀主持人奖、上海广播电视奖广播新闻一等奖的钟姝，她带着团队成员叶人杰对访谈专辑精耕细作，从海报预告到访谈提纲，从填写协调单到音视频回放，每一个细节都透露着他（她）们对嘉宾的认真负责、对法院工作的尊重理解、对新闻传播事业的忠诚坚守。

　　感谢与司法警察们一起走入电台演播室的法院院长、副院长、政治部主任们：段守亮、陈昌、张新、沈英明、张卫东、沈璇敏、肖晚祥，他（她）们的殷殷期望与司法警察们的肺腑之言交相辉映。

　　感谢在每一期节目结束后整理访谈录音的各法院法宣干部和华政实习生们：何瑞鹏、陈雨丝、詹志山、李榛涛、马超、崔缤予、李思润、陈卫峰、刘鲁豪，正是有了他（她）们的默默付出，才有了这本《出发——我在法院当法警》的实现可能。

　　还要感谢夜以继日加班赶稿、制作视频的律新社团队、上海市高级

出 发
——我在法院当法警

人民法院"魔鬼训练营"实习的法宣干部、年轻的华政学子：王凤梅、廖丽君、倪璐窈、俞佳铖、陶韬、肖梓雯，正是有了他（她）们争分夺秒的付出，每一期的访谈微信推送才有了有趣的灵魂，《出发——我在法院当法警》也有了发人深省的思考。

在策划十期电台访谈时，《出发——我在法院当法警》还未在计划内，但实际上，整个创作团队已经一步一个脚印走在这条路上。《出发——我在法院当法警》只是伴随着时间的推移越来越清晰地浮现在我们眼前。也许，这就是"心向往之"吧！

拿到《出发——我在法院当法警》校对书稿的那一刻，我们内心无比激动，在经历了漫长的疫情考验后，《出发——我在法院当法警》终于要面世了。我们尤其要感谢最高人民法院政治部和上海市高级人民法院党组对这本书的关心和指导，最高人民法院政治部司法警察管理局柴中国局长亲自撰写了序言，鼓舞和温暖着上海法院800多名司法警察的心；感谢上海市高级人民法院司法警察总队总队长王德成、政治委员彭晓根，以前瞻性的战略眼光和宽广的视野，独具匠心地筹划电台访谈和书籍出版的前前后后，使得全市法院警队通过这本书有了更明确的目标，形成了更为强大的行动力和向心力。还要感谢上海交通大学出版社人文分社社长崔霞、编辑汪娜，为了《出发——我在法院当法警》这本书，她们从筹划到立意、从审阅到装帧，一一细致落实，力求精益求精。

"众人拾柴火焰高"。《出发——我在法院当法警》是上海法院历史上第一本运用纪实手法忠实记录司法警察心灵历程的"史记"，同时也吹响了上海法院新时代新征程蓝色铁军再次冲锋的号角！

习近平总书记对人民警察提出十六字总要求："对党忠诚、服务人民、执法公正、纪律严明"。上海法院的司法警察们已经整装出发，他（她）们将继续用自己的实际言行践行十六字精神，无论是风和日丽的平常，还是惊心动魄的时刻，他（她）们都会努力做到最好，让司法有力量、有是非、有温度，因为——他（她）们是人民法院的司法警察！

《出发——我在法院当法警》编委会

2023 年 2 月 21 日